KB016585

돈벌이란 무엇인가

일러두기

1. 법 이름은 「 」으로, 책 제목은 《 》로, 신문 · 잡지 · 드라마 이름은 홑꺾쇠 〈 〉로 묶었다.
2. 직접인용 문구는 겹따옴표 " "로, 간접인용과 혼잣말, 강조 문구는 홑따옴표 ' '로 표기했다.
3. 인명과 지명은 외래어 표기법을 따랐고 관용적으로 쓰이는 이름은 그대로 표기했다. .

돈벌이란 무엇인가

법과 제도로 본 돈의 흐름

정시몬 지음

건물주
1억 3000만 원

야구선수
15억 원

공무원
4800만 원

직장인
3700만 원

프리랜서
때때로 다름

성악가
3200만 원

초록비책공방

Contents

프롤로그 — *6*

1 공동체와 개인

비합리적인 인간과 법 — *13*

개인과 법과 자본주의 — *18*

한국의 근대사회와 자본주의 — *31*

신자유주의 체제 하에서 국가의 개입 — *47*

세금의 이유 — *61*

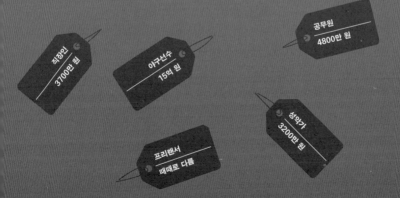

직장인
3700만 원

야구선수
15억 원

공무원
4800만 원

성악가
3200만 원

프리랜서
때때로 다름

2 자본주의 세상에서 먹고 살기

기업의 존재 이유 — *81*

자본주의와 광고 — *93*

투자의 이유 — *104*

빚의 이유 — *121*

돈벌이를 위해 사람을 볼 이유 — *129*

개인의 수입은 어떻게 결정될까? — *143*

회사원으로 살아남기 — *153*

프리랜서의 돈벌이 — *166*

지속 가능한 스타들의 세계 — *172*

자본주의 시장 밖에서 살아남기 — *186*

3 행복한 돈벌이를 위해서

돈, 얼마나 벌면 행복할까? — *197*

교육과 돈과 행복의 상관관계 — *207*

사회보장제도의 경제적 의미 — *216*

성숙한 자본주의란? — *229*

참고 문헌 — *246*

프롤로그

2017년부터 브런치에 글을 써 왔다. 그중 '법학자가 보는 돈의 원리'라는 제목을 붙였던 이 시리즈는 내 통장 잔고가 67만 원이었던 시절 회사와 로스쿨 동기들이 억대 연봉을 받는 것을 보며 무엇을 어떻게 해야 돈을 많이 벌 수 있는지 분석하려고 쓴 글이다.

돈의 원리를 알아야 만약 대기업에서 계속 일했다면 벌 수 있었던 혹은 변호사가 되면 벌 수 있으리라 예상했던 돈을, 아니 그 이상을 나도 빠르게 벌 수 있을 것 같았다. 그러나 고민의 끝에 아이러니하게도 많은 돈을 버는 것을 목표로 삼지 않기로 했다. 공부하고 고민하고 분석할수록 '돈'이 목표인 삶은 많은 희생과 포기가 있어야 가능하고 또 돈을 좇는다고 반드시 돈이 따라오는 게 아니라는 것을 깨달았기 때문이다.

어렸을 때부터 어머니께서 "돈이 세상에서 가장 중요한

건 아니야."라고 하셨기 때문일까? 아니면 경제적으로 엄청나게 풍요롭지도 궁핍하지도 않은 환경에서 자랐기 때문일까? 나는 30대 초반까지 돈으로부터 완전히 자유롭지도 집착하지도 않으며 살았다.

하지만 회사를 그만두고 로스쿨에 진학한 후에 모든 것이 달라졌다. 나는 3년 간의 로스쿨 생활을 마치면 변호사가 되어 다시 돈을 벌 수 있을 줄 알았다. 하지만 변호사 시험에 계속 떨어졌고, 부모님께 손을 벌릴 수 없는 상황에서 통장 잔고는 67만 원을 찍기도 했다. 당시에 내가 살았던 원룸 월세가 43만 원이었다.

박사학위를 받으면 궁핍한 상황을 극복할 실마리라도 보일 줄 알았다. 착각이었다. 누구도 법학박사 학위를 갖고 있다고 해서 그냥 채용해 주진 않았다. 그렇다 보니 나는 '돈'이 되는 일을 할 기회가 있으면 일단 일을 하기 시작했고, 그렇게 프리랜서가 되었다. 지인들은 내게 다양한 일을 하며 재미있게 산다고 하지만 나는 프리랜서로 4년을 버티면서 단 한 번도 일을 '선택'한 적이 없다. 밥벌이를 위해서 할 수 있는 일들을 닥치는 대로 했을 뿐이다.

나는 사람들이 돈을 많이 벌고 그 돈으로 행복하기를 바

란다. 그리고 나도 그중 한 사람이 되기를 바란다. 그런데 먹고 살기 위해 다양한 일을 하며 많은 사람과 부딪히는 과정에서 나는 돈을 '많이' 버는 것만큼이나 '잘' 버는 것이 중요하다는 것을 알게 됐다.

사람들은 돈을 '잘' 번다는 말을 돈을 '많이' 번다는 것으로 받아들이지만 나는 돈을 많이 버는 것이 돈을 잘 버는 것을 의미한다고는 생각하지 않는다. 풍요로웠던 20대와 궁핍했던 30대를 거쳐 애매한 40대가 된 지금, 나는 돈을 버는 과정에서 느끼는 행복과 그 행복의 지속 가능성이 돈을 '잘' 벌고 있는지를 보여주는 지표가 된다고 생각한다. 내가 이런 생각을 하게 된 것은 주위에서 돈을 많이 번 사람들이 모두 행복해 보이지는 않았기 때문이다.

이 책은 '인간은 어떤 존재인가?'라는 질문에서 시작해서 국가와 자본주의 경제 체제가 만들어진 과정을 살펴본 후, 자본주의 체제 안에서 기업이 어떠한 원리로 돈을 벌고 그 안에서 개인에게 어떠한 원리로 수입이 생기는지 살펴본다.

이와 같은 흐름으로 구성한 이유는 '지속 가능한 돈벌이'를 하려면 돈이 어떠한 경로와 원리를 통해 우리 주머니에 들어오는지를 알아야 한다고 생각했기 때문이다. 그리고 책의 마지막에는 내가 생각하는 행복의 의미와 우리가 조금 더 행복하기 위해 필요한 제도적인 변화에 관한 내용을 담았다.

이 책이 누군가의 삶을 송두리째 바꿔 놓거나 갑자기 많은 돈을 벌 수 있게 해줄 거라곤 생각하지 않는다. 다만 이 책을 읽은 여러분이 우리가 처한 사회, 경제적 상황을 이해하고, 그 안에서 자신이 처한 상황을 객관적으로 보는 데 조금이라도 도움이 되기를 기대한다.

그 과정에서 전에 보이지 않던 현상이 눈에 들어오고 생각의 변화가 조금이라도 생긴다면 이 책에 쓰인 나무의 희생이 의미가 있다고 생각한다. 한 사람의 시선과 생각이 바뀐다는 것은 하나의 세상이 변한다는 것을 의미하기 때문이다.

'브런치북 프로젝트' 덕분에 이 책이 세상에 빛을 보게 되었다. 2023년에 개인적으로 여러 일이 있다 보니 원고 수정이 오래 걸렸다. 오랜 시간이 걸린 만큼 많은 이에게 의미 있게 다가가길 바란다.

1

공동체와 개인

비합리적인 인간과 법

    학부 3학년이 되자 전공에 대한 고민이 생겼다. 전공 수업은 재미있었지만, 정치외교학은 주로 국가 차원의 문제를 다루다 보니 그 문제가 개인의 삶과 현실에 어떤 영향을 미치고 어떻게 해결할 것인가로 논의가 확장되지 않았다. 조금은 공중에 붕 뜬 느낌이 들었다.

    그래서 이에 대한 반작용으로 경제학 전공 수업을 들었다. 경제는 우리 삶에 직접 영향을 주니까 현실을 면밀하게 분석하는 학문을 공부하면 나의 의문을 해결할 수 있지 않을까 생각했다. 하지만 미시·거시경제학 수업까지 수강하고는 더 이상 경제학 수업을 신청하지 않았다. 숫자를 보는 게 나와 맞지 않기도 했지만, 무엇보다 경제학이 가정하는 현실을 동의하기 힘들었다.

경제학이 나를 불편하게 만든 지점은 '인간은 합리적이고 이성적이다'라는 전제였다. 20대 중반의 어린 나의 경험과 시선에도 인간은 참 비합리적이고 비이성적인 면이 많은데 경제학은 그 반대를 전제하고 있다 보니 경제학에 더 이상 손이 가지 않은 것이다. 물론 경제학을 깊게 공부하지 않아 생긴 오해와 착각이다. 하지만 당시 나는 그렇게 생각했다. 이후 심리학, 사회학, 신문방송학 등 여러 학문 사이에서 방황하다 졸업한 후 운 좋게 좋은 회사에 취업이 되었다. 그러다가 로스쿨에 합격하면서 2년 만에 회사를 그만두고 결국 법학에 정착했다.

나는 법학이 경제학과 달리 인간을 합리적이고 이성적인 존재로 전제하지 않는다고 생각한다. 만약 인간이 합리적이고 이성적인 존재였다면 법 없이도 살 수 있었을 것이고, 그렇다면 법률은 기원전 18세기부터 지금까지 인간 사회에서 중요한 위치를 차지하지 못했을 것이다. 나는 법학이 기본적으로 '비이성적인 실수를 저지르기도 하는 이기적인 인간'을 전제한다고 보고 있고, 이에 동의한다.

비합리적이고 비이성적인 인간

인간은 '제한적으로만' 합리적이고 이성적일 수밖에 없다. 그 이유 중 하나는 인간은 하루 24시간만 부여받아서다. 지식과 정보를 접하고 익히며 경험하는 데 시간적 한계가 있다.

감정과 욕구도 이성적이고 합리적인 사고를 방해한다. 예를 들어 웬만한 중고차 가격의 명품 가방, 집 한 채 값의 고급 자동차 등을 사는 것은 효용성의 측면에서 비합리적이고 비이성적이다. 하지만 사람들은 '나는 다르다'를 과시하고 싶은 마음에 자신의 욕구와 욕망에 의사 결정의 운전대를 내어준다. 그뿐인가? 다이어트를 하겠다면서 야식을 먹고 지인의 말만 듣고 비트코인이나 주식에 투자한다. 감정과 욕구가 얼마나 인간의 이성을 쉽게 마비시키는지를 알 수 있다.

여기에 더해 고도로 연결되어 서로 영향을 주고받는 복잡한 시대에 사는 것도 합리적이고 이성적인 생각과 행동을 방해한다. 우리는 우크라이나에서 일어난 전쟁이 밀가루 가격을 올리고, 미국의 금리 인상이 우리나라 부동산 가격에 영향을 미치는 시대에 살고 있다. 이처럼 지구 반대편에서

일어나는 일들이 개인의 삶에 영향을 미치는 시대이다 보니 인간의 합리성은 더욱더 제한받을 수밖에 없다.

우리 사회에 법이 필요한 이유

우리 사회에 법과 제도가 필요한 가장 중요한 이유는 인간은 시간, 공간, 경험의 한계로 타인은 물론이고 자신에게도 부정적인 결과를 불러올 비합리적이고 비이성적인 의사 결정을 할 수 있기 때문이다. 인간의 행위를 공동체 차원에서 통제하지 않으면 심각하게는 사회 시스템의 붕괴를 야기할 수 있다.

마약에 관한 규제에서도 그 사실을 찾아볼 수 있다. 마약 중독을 자기 신체와 정신을 망가뜨리는 개인의 문제로 한정하고 국가에서 관여하지 않는다면 어떻게 될까? 마약에 중독된 이들이 늘어나 공동체가 제대로 기능하지 못하고 그러한 흐름이 이어지면 사회는 소멸할지도 모른다.

과거 왕권 국가에서는 개인보다 사회를 우선시하며 국익을 위한 통제와 규제를 목적으로 통치했다. 의사 결정권자들이 완벽하게 합리적이고 이성적이었으면 좋았겠지만, 그들 또한 제한적으로만 합리적이고 이성적이었다. 사람들은 이와 같은 시행착오를 반복 경험하면서 의사 결정권을 어느 한 '개인'에게 주면 안 되겠다는 생각에 이르렀다. 그 결과 '법치주의'라는 개념이 만들어졌다.

법치주의는 사람이 다스리는 '인치'에 상반되는 개념으로 법률에서 정하는 내용에 따라 국가 체제가 통치되는 것을 의미한다. 그러나 아무리 법치주의 국가라 해도 법을 개인이나 기관이 만들고 집행하면 왕권 국가와 같은 부작용을 낳는다. 그래서 그런 일이 없도록 만들어진 개념이 '권력 분립'이다.

우리나라는 법을 만드는 권한은 입법부, 법을 해석하는 권한은 사법부, 해석에 따라 국가의 공권력을 집행하는 권한은 행정부, 만들어진 법이 헌법에서 정하는 가치와 원리에 반할 경우 그 효력을 없앨 권한은 헌법재판소에 부여하여 국가의 권력을 분립했다.

이와 같은 법치주의와 권력 분립의 원칙 덕분에 법과 제도가 지금과 같은 수준으로 정교하게 만들어졌다. 정교한 법제도가 필요할 정도로 인간은 비합리적이고 비이성적일까? 비합리적이고 비이성적인 모습에도 일정한 방향이나 패턴이 있을까?

개인과 법과 자본주의

인간은 근시안적으로 자신의 이익에 눈이 멀어 비합리적이고 비이성적인 결정을 해오기를 반복했다. 그런데 인간이 항상 당장 눈앞의 이익만 생각하는 건 아니다. 주변을 돌아보면 먹고살기 힘든 와중에도 다른 사람을 돕는다는 이야기를 어렵지 않게 찾을 수 있다. 예를 들어 집밥 장사로 모은 전 재산 6억 원을 기부한 할머니, 폐지를 모아 번 돈으로 9년 넘게 기부하는 할아버지 등은 '근시안적이고 자신의 이익만 챙기는 인간'의 관점에서는 설명할 수 없다.

그렇다면 인간은 어떤 존재일까? 동양에서는 인간의 본성에 관해 악하게 태어난다는 순자의 '성악설', 반대로 선하게 태어난다는 맹자의 '성선설', 백지상태로 태어나 성장하는 과정에서 악함과 선함을 갖추게 된다는 고자의 '성무

선악설' 등이 제시되는데, 이러한 이론들을 자세히 살펴보면 '악'은 이기적이고 '선'은 이타적이라는 의미를 지닌다.

동양의 이 이론들에 상응하는 서양의 이론으로는 '창조론'과 '진화론'이 있다. 흔히 창조론과 진화론은 우리가 사는 세상, 자연, 생명체가 어떻게 생겨났는지에 대한 이론이라고 생각한다. 하지만 우리나라를 포함한 대부분의 국가가 채택한 법률 체계를 이해하려면 창조론과 진화론적 관점의 차이를 이해할 필요가 있다. 이 법률 체계가 유럽의 종교개혁 과정에서 형성된 이념과 가치를 기초로 하고 있기 때문이다.

인간은 선하게 창조되는가, 통제되어야 할 존재인가

성경에서는 인간을 어떤 존재라고 설명하고 있을까? 창세기 1장 27절에 따르면 "하나님이 자기 형상 곧 하나님의 형상대로" 사람을 창조했다고 밝히고 있다. 그런데 신은 선한 존재라서 인간이 신의 형상대로 창조되었다면 인간의 타고난 본성 또한 선한 것으로 전제된다.

이와 대립하는 진화론은 인간을 포함한 모든 생명체는 생존을 위해 또는 자신이 속한 집단이나 종의 생존이 최우선

과제라는 입장을 취하는데 이는 결국 인간은 기본적으로 이기적인 존재라는 것을 의미한다.

　그렇다고 창조론이 인간을 100% 선하다고 하거나 진화론이 인간을 100% 이기적이라고 전제하는 건 아니다. 기독교에서는 하마르티아άμαρτία라고 불리는 '죄'가 인간에게 있다고 하는데 이는 '신에 대한 인간의 잘못'을 의미한다. 즉 인간이 신의 형상대로 만들어졌으나 그 안에는 신이 좋아하지 않는 모습도 있다는 것이다. 또 진화론에서는 인간이 자신의 이익에 부합된다면 다른 이들에게 도움을 주고 집단을 이루기도 한다고 말한다. 다시 말해 이러한 인간 본성에 관한 이론들은 인간은 이타적인 면과 이기적인 면이 모두 있다는 것을 전제한다. 인간을 선한 존재로 전제할 경우 법률의 내용은 처벌보다 교육과 교화에, 악한 존재로 전제할 경우 처벌과 규제가 강조된다. 인간을 어떤 존재로 보느냐가 법률의 내용을 정하는 과정에서 큰 변수로 작용하는 것이다.

법제도는 지배 계급의 이익을 위해 만들어졌다

　역사에 존재한 모든 법과 제도는 인간의 이기적인 면을

통제하는 것을 목적으로 했다는 공통점이 있다. 지금까지 알려진 가장 오래된 법전인 「우르남무 법전」과 「함무라비 법전」도 마찬가지다. 기원전 21세기경 만들어진 것으로 알려진 「우르남무 법전」에는 "살인과 절도를 하면 죽인다."라는 내용이 있고 '눈에는 눈, 이에는 이'로 유명한 기원전 18세기에 만들어진 「함무라비 법전」 역시 자신을 보호하며 타인에게 해가 되는 행동을 하지 못하게끔 형벌을 명시했다.

하지만 역사에 존재한 법과 제도는 사회와 공동체의 안정과 안녕보다는 지배 계급의 이익에 필요해서 만들어진 경우가 더 많다. 예를 들어 교황 니콜라오 5세의 「둠 디베르사스Dum Diversas)」(1452) 칙서와 교황 알렉산데르 6세의 「인테르 체테라Inter Caetera」(1493) 칙서는 프리카인의 노예화와 노예무역의 발전을 공식적으로 인가했고, 도주한 노예를 주인에게 돌려주는 것을 골자로 한 미국의 「노예도망법Fugitive Slave Act」(1850) 역시 그러했다. 당시 이런 법과 제도가 마련되고 유지된 까닭은 지배 계급의 이익을 위해서 노예제도가 필요했기 때문이다.

법과 제도는 왜 지배 계급의 이익을 위해서 만들어져 온 것일까? 이는 '국가'가 만들어진 과정과 관련되어 있다. 원시시대 인류를 생각해 보자. 인류는 동굴이나 바위 그늘, 강

변 등에 움집을 지어 살다가 먹거리를 찾아 사냥이나 채집, 낚시를 할 수 있는 곳에 자리를 잡았다가 이동하기를 반복했다. 그 과정에서 자신보다 강한 동물, 환경, 때론 다른 인간의 위협에 노출되었을 것이다. 결국 생존과 안전을 신뢰할 수 있는 사람과 집단을 형성했다. 그리고 더 강한 집단이 여러 집단을 정복하는 방식으로 세력을 키워나가 부족을 형성했고, 그 부족이 모여 국가가 만들어졌다. 이때 정복당한 집단은 노예로 전락하거나 억압받으면서 사회 계층이 생겨났다.

지금은 잘 이해되지 않겠지만 그 시대 사람들은 자신을 '개인'으로 인식하기보다 '집단'을 통해 자신을 규정했다. 이를 이해하려면 당시 환경을 알아야 한다. 사람들은 자신이 태어났던 마을을 벗어나지 않고 삶을 마무리했다. 책은커녕 주변 환경과 전해 내려오는 이야기의 절대적인 영향 안에 있었으니 대부분의 사람은 자신이 자라난 환경과 시스템을 있는 그대로 수용할 수밖에 없었다.

이런 인식을 처음 전환한 것이 '종교개혁'이다. 종교개혁이 발생하기 전까지 유럽에서는 교회가 절대적인 권력으로 군림했고 사람들은 교회의 결정에 순종했다. 하지만 종교개혁가들이 "모든 사람은 하나님 앞에서 평등하기에 누구나 하나님께 직접 기도할 수 있고 하나님에 대한 것을 다른 사람에게 가르칠 자격이 있다."라는 '만인제사장설'과 같은 이론을 통해 '개인'과 '평등'이라는 개념을 퍼트렸다. 이러한 인식의 변화는 1688년 영국의 명예혁명과 1789년 프랑스 혁명이 일어나는 데 결정적인 영향을 미쳤다.

자유주의가 불러온 자본주의

'개인'과 '평등'에 대한 개념이 인식되기 전까지 개인은 국가와 공동체의 이익을 위해 언제든 이용될 수 있는 도구에 불과했다. 낮은 계급 사람들은 '태어날 때부터' 핍박, 억압, 희생되어도 자연스러운 일로 여겼다. 하지만 인간은 개인으로서 존재하고 존중받아야 하며 모두가 평등하게 태어난다는 인식이 확산하면서 법과 제도, 통치방식에 변화가 일어났다.

이와 같은 기조는 '자유주의' 이념 형성에도 영향을 미쳤는데, 자신이 원하는 대로 행동하고 선택하기 위해선 자유가 필요했기 때문이다. 자유주의의 핵심은 모든 개인이 집단의 조각이 아닌 개인으로 존중받고 자유롭게 선택할 수 있는 자

유가 보장되는 데 있다. 자유주의 이념은 오늘날 우리가 살고 있는 정치·경제 체제의 형성에 절대적인 영향을 끼쳤다.

산업혁명은 단순히 기술의 발전으로 일어난 것이 아니다. 산업혁명이 일어날 수 있었던 것은 자유주의 이념이 확산하면서 개인이 국가와 지배 계급의 간섭을 받지 않고 사업을 할 수 있는 환경이 조성되었기 때문이다. 만약 자유주의 이념이 퍼지지 않았다면 이윤이 발생해도 왕이나 귀족 등 소수의 지배 계급에 헌납되었을 테니 생산성을 높이려는 노력 따위는 없었을 것이다. 하지만 자유주의 이념이 법과 제도에 적용되면서 사업할 수 있는 자유가 보장되었고 사업에서 얻은 이윤을 개인이 챙길 수 있게 되면서 사람들은 기술을 개발하고 사업을 키우기 위해 노력하기 시작했다. 이처럼 자유주의 이념에 기반해서 자본의 흐름에 따라 운영되는 경제 체제를 '자본주의'라고 하는데, 17세기 말부터 법과 제도와 환경이 바뀌면서 형성되기 시작했다.

기독교가 지배적인 종교였던 유럽에서 유대인은 성경의 말씀 파고들어 금융업에 종사했고 많은 돈을 벌었다.✳ 하지

✳ 신명기 23장 19~20절 "네가 형제에게 꾸어주거든 이자를 받지 말지니 곧 돈의 이자, 식물의 이자, 이자를 낼 만한 모든 것의 이자를 받지 말 것이라. 타국인에게 네가 꾸어주면 이자를 받아도 되거니와 네 형제에게 꾸어주거든 이자를 받지 말라. 그리하면 네 하나님 여호와께서 네가 들어가서 차지할 땅에서 네 손으로 하는 범사에 복을 내리시리라."

만 기독교인이 아니라는 이유로 핍박받다가 19세기 말 영국으로 대거 이주했다. 당시 영국은 사업 확장을 위한 투자가 필요한 상황이었고 유대인들은 동유럽에서 커지고 있던 반유대주의를 피해 갈 곳이 필요했다.

유대인들이 이주하면서 영국은 금융업이 본격적으로 성장하기 시작했다. 이러한 변화들이 영국 산업혁명의 원동력으로 작용하게 된 것은 의심할 나위 없는 사실이다. 그러나 좀 더 깊숙이 들여다보면 이를 가능하게 한 것은 기업 설립을 까다롭게 만들었던 「거품방지법The Bubble Act」을 1825년에 폐지하여 회사를 쉽게 설립할 수 있게 했기 때문이다.

자유주의가 불러온 부작용

하지만 자유가 허용되자 인간의 이기심은 많은 부작용을 낳았다. 자본가들은 돈을 빌려 사업을 확장하고 많은 돈을 벌게 되었지만, 이익을 더 높이기 위해 노동자들의 임금은

✱ 1720년 남해회사 거품 사태로 영국에서 투기를 선동한 자는 재산을 몰수하고 회사 설립할 때 의회의 허가를 받게 만든 법을 말한다.

극도로 낮추었다. 노동자들은 그에 대한 항의로 공장의 기계를 파괴하는 등 산업화로 인한 변화에 저항했다. 영국에서 1811년에서 1817년까지 일어난 '러다이트Luddite 운동'이 대표적인 예이다.

임금이 낮아지면서 가정 형편이 어려워지자 아이들까지 돈벌이에 나서야 했다. 아이들은 8살이 되기도 전에 탄광, 모직공장, 면직공장에서 하루 12~18시간씩 일했다. 왜 어린 아이들까지 고용했을까? 역시 돈 때문이었다. 당시 아이들의 임금은 성인의 10분의 1도 채 되지 않았다. 아이들을 고용하며 수익의 극대화를 꾀한 것이다.

영국에서는 이 문제를 해결하기 위해 1833년 「공장법」을 제정하여 실크 공장을 제외한 나머지 공장에서의 9세 미만 아동 고용을 금지하고, 9세 이상 13세 이하 아동은 1일 8시간, 14세 이상 18세 미만 청소년은 1일 12시간 이하로 근로 시간을 제한했다. 공장에만 적용되던 이 법은 1842년 「광업법」, 1845년 「인쇄사업법」이 통과되면서 다른 산업에도 근로 연령과 시간에 대한 제한이 이루어졌고, 시간이 지나면서 다른 나라들도 영국의 전례를 따랐다.

노동시간과 연령을 제한하는 법률이 제정된 것은 단순히 아이와 노동자의 인권 때문만은 아니었다. 이런 일이 계속되면 학대당한 아이들은 노동력을 제공할 수 없고 성인들은 노동할 의지를 잃어 사업가들이 사업을 할 수 없게 된다. '평등'한 사회에서 모든 사람에게 최소한의 자유를 보장하려면 자본가들의 자유에 제한을 두어야 했다.

국가들은 이처럼 자유주의 이념의 확산으로 인한 부작용을 최소화하기 위해 노력했지만, 그 속도는 충분히 빠르지 못했다. 법률이 제정되었다고 해서 현실이 바로 바뀌는 것도 아니었다. 자본가들은 법과 제도로 인해 제한이 생기면 그 제한이 적용되지 않는 다른 지역으로 이동하여 수익을 올리기 위한 노력을 아끼지 않았다. 1833년에 제정된 「공장법」이 영국의 식민지였던 인도에는 1883년에야 비로소 적용되었다는 사실이 이를 잘 보여준다.

사회주의의 실패

자유주의 이념에 기반한 경제 체제의 부작용을 목도한 이론가들이 그에 반대하며 주장한 이념이 '사회주의'다. 자유주의가 '개인의 자유'를 중요하게 여긴다면 사회주의에서는 이와 반대로 '사회'가 중요시된다. 사회주의 체제하에서

는 국가가 생산수단을 소유하고 모든 사람이 필요에 의해 분배받는다.

자본가들에 의해 착취당하고 가난해진 노동자들이 이와 같은 주장에 동조한 것은 우연이 아니다. 생산수단을 소유한 자본가들은 계속해서 부를 축적하고 노동자들은 아무리 일을 해도 가난해지는 현실에서 "모든 사람에게 평등하게 분배한다."는 주장은 노동자들의 삶이 지금보다 나아질 수 있다는 것을 의미했다. 모든 사람이 열심히 일하고 각자의 필요에 따라 나눠 갖는 세상이라니, 이 얼마나 '유토피아' 같은 세상인가?

사회주의자들은 자유주의 이념에 기반한 경제 체제가 오래 지속되지 못할 것이고, 자신들이 꿈꾸는 세상이 곧 찾아오리라고 생각했다. 자본이 소수에게만 집중되어 절대다수가 가난한 노동자가 되면, 다수가 된 노동자들이 혁명을 일으킬 거라 생각한 것이다. 사회주의자들이 명예혁명이나 프랑스 혁명과 같은 혁명이 또다시 일어날 것으로 예상한 것은 자연스러운 일이었다.

하지만 사회주의 혁명은 극히 일부 국가에서만 일어났고 그마저도 실패 또는 좌절되었다. 그리고 냉전 시기를 지나면서 사회주의는 실질적으로 폐기되었다. 중국, 북한, 쿠바와 같은 명목상 사회주의 국가들이 존재하긴 하지만, 사회주의 이론가들과 19세기에 노동자들이 생각하던 것과는 완전히 다른 체제이다. 이들 국가는 대외적으론 사회주의를 표방하지만 실제로는 필요에 따라 자본주의를 제한적으로 수용하는 '명목상 사회주의'에 불과하다.

사회주의는 인간의 이기심이 얼마나 큰지를 간과했기 때문에 실패했다. 사회주의자들이 꿈꾼 세상은 이론적으로는 아름다웠지만, 사회주의가 성공하기 위해서는 인간의 이타심이 그들이 예상한 것보다 컸어야 했다. 만약 인간이 기본적인 필요의 충족에 의해 만족하는 존재였다면 그들이 꿈꾸는 세상은 현실이 되었을지도 모른다.

하지만 역사상 그런 세상은 존재하지 않았다. 욕구와 욕망은 항상 인간을 행동하게 만드는 동인이었다. 욕망이 덜한 사람들은 현실에 발을 딛고 살기보다는 산이나 수도원으로 들어갔고 대부분의 사람은 자신의 욕구를 채우며 세상을 살아왔다. 사회주의를 표방한 국가의 지도자들도 결국 자신의 이익을 추구하면서 전제군주국가와 같이 변했다. 이는 욕구와 욕망을 채우려는 인간의 이기심이 얼마나 크고 강한지를 보여준다. 어쩌면 사회주의의 실패는 처음부터 예정되어 있었을지도 모른다.

자유는 제한될 수 있다

인간의 욕구와 욕망이 부정적인 것만은 아니다. 만약 인간에게 욕망을 충족하려는 경향이 없었다면 지금과 같은 수준의 사회로 발달하진 못했을 것이다. 오늘날의 물질적 풍요로움이 자신의 이익을 극대화하려는 인간의 욕구와 욕망 덕분에 성취되었다는 것은 부인할 수 없다.

또한 우리는 개인에게 제한 없는 자유를 보장하는 것이 다른 사람의 삶을 파멸로 이끌 수 있다는 것을 안다. 그래서 자유주의 이념에 기반을 둔 자본주의 경제 체제이지만 다양한 법적 장치를 두어 자유를 '제한'받으며 살아간다. 자본가의 제한 없는 자유가 노동착취로 이어져 노동자의 자유를 침해한 것에서 알 수 있듯이 자유를 무제한 보장하면 역설적으로 다른 사람의 자유를 침해할 수 있다. 즉 사람들에게 보장해야 할 '최소한의 자유'가 보장되지 않는다.

자유주의 이념이 기초인 사회에서 법률의 목표는 모든 사람에 '최소한의 자유'를 보장하는 것이다. 이를 위해서는 누군가의 자유를 제한할 수밖에 없으며, 그 구체적인 법률의 내용은 '최소한'의 범위를 어떻게 설정하느냐에 따라 달라진다.

한국의 근대사회와 자본주의

　　'개인'과 '자유'라는 개념을 제도화한 것이 '근대사회'의 큰 특징이다. 이에 따르면 '근대 입헌주의국가'는 왕 또는 일부 지배 계급이 국가의 의사 결정권을 독점하지 않고, 개인의 자유를 최대한 보장하는 것을 목적으로, 민주주의 정치 체제와 자본주의 경제 체제를 채택하고, 이를 헌법으로 정하는 국가를 뜻한다.

　　우리나라도 마찬가지다. 하지만 각국은 서로 다른 경로를 통해 근대화가 이루어져서 그 내용도 각기 다르다. 따라서 우리나라의 법제도와 정치, 사회, 경제 영역에서 나타나는 현상을 이해하려면 우리나라의 근대화 과정을 살펴보는 것이 필요하다.

생존을 위한 법과 제도

우리나라는 유럽과 완전히 다른 방식으로 근대화가 이루어졌다. 유럽은 12세기부터 유럽 사회를 실질적으로 통치하던 가톨릭교회에 개혁을 향한 요구가 있었고 이런 요구가 축적되어 16세기 종교개혁이 일어났다. 종교개혁을 통해 '개인과 자유'의 개념이 통치 체제와 법제도에 영향을 미치면서 근대화가 이루어진 유럽의 근대화는 '아래로부터 변화'였다.

이와 달리 우리나라에서는 일제강점기 시기부터 '위로부터의 이식'을 통해 근대화를 강제하려는 시도들이 있었다. 일제는 조선 사람을 계몽시킨다며 유럽 국가의 법제도와 이념을 일본 방식대로 변형하여 조선에 이식하려 했다. 하지만 우리 조상들은 이에 저항했고 제2차 세계대전에서 일본이 패망하면서 그 시도는 실패했다.

해방 후에도 근대적인 요소를 헌법에 반영하기 위한 노력이 있었지만, 헌법이 제정된 지 얼마 지나지 않아 6.25전쟁이 발발했고, 그 후에는 전쟁으로 폐허가 된 상태에서 소수의 의사 결정권자가 법과 제도를 자신들의 입맛에 맞게 만들고 바꿨다.

이런 역사적 흐름에서 우리나라는 개인의 자유, 평등의

가치가 존중되기보다 '생존'이 중요한 가치가 되었고 6.25전쟁 후에는 '국가의 경제 발전'과 '북한과의 체제 경쟁'이 국가 의사 결정에 큰 영향을 주었다. 이런 기조는 냉전 체제가 붕괴한 1990년대 초에야 조금씩 바뀌기 시작해 법제도적 측면에서의 실질적인 근대화는 1997년 IMF International Monetary Fund(국제 통화 기금, 이하 IMF) 외환위기 후에야 이루어졌다.

기회를 박탈당한 자유와 평등을 위한 움직임

한반도에서 개인의 자유와 평등을 위한 움직임이 아예 없지는 않았다. 구한말 왕권이 강화되고 지방 사족의 역할이 급격히 축소되면서 중앙에서 파견된 수령들의 부패와 전횡이 심각한 수준으로 일어났다. 그러자 '개인'의 자유를 쟁취하기 위한 민중의 움직임이 계속해서 일어났다. 수십 명이 대오를 갖춘 '명화적' 같은 강도 조직부터 다양한 형태로 민란이 곳곳에서 봉기했고 1894년 1월 동학교도들과 농민들이 합세한 '동학농민운동'은 그 정점에 서 있었다.

동학농민운동의 결과로 1894년 5월 7일 농민군과 정부 간에 '전주 화약'이 체결되고, 이때 농민군이 제시한 '폐정 개

혁안'을 정부가 받아들였지만 동학농민운동은 영국 명예혁명과 프랑스 혁명과 같은 결과를 낳지는 못했다. 한반도를 둘러싼 국제 정세의 패권을 두고 청나라와 일본 군대가 한반도에 파견되었기 때문이다.

동학농민운동은 단순한 농민의 봉기가 아니라 '개인'과 '평등'에 토대를 둔 혁명적 사건이었다. 청나라와 일본의 군대가 파견되기 전까지 동학농민운동의 기세에 비추어봤을 때 외세의 개입이 없었다면 조선 또한 '개인'과 '평등'에 기반한 법률 체계를 갖추지 않았을까 추측해 본다.

여하튼 청나라와 일본의 군대가 한반도에 들어온 이후 1894년 7월 '청일전쟁', 1895년 '시모노세키 조약'과 명성황후를 살해한 '을미사변', 1905년 '명성황후시해사건', 1910년 8월 내각총리대신 이완용이 서명한 '한일병합조약'까지 이어지며 조선 사람들은 스스로 사회적 변화를 일으킬 기회를 박탈당했다.

일제강점기를 지나 자리 잡은 '집합의식'

그렇다면 일제의 통치로 조선이 근대화되었다는 '식민지

근대화론'은 일리가 있을까? 과연 조선 사람들은 자발적으로 근대적인 사고방식을 가질 수 없었을까? 아니다. 그 시기 이미 조선에는 천주교와 동학을 매개로 '개인'과 '평등'에 대한 개념과 인식이 널리 확산하고 있었다. 당시 조선의 지배층은 유교 사상에 기반한 조선의 사회질서와 왕권에 위협이 된다며 이런 사상의 전파를 막으려 했다. 예수의 사랑과 평등 의식을 강조한 천주교를 배격하면서 천주교 신자들을 박해한 1801년 '신유교난'과 1866년 '병인교난', 또 '사람이 곧 하늘'이라는 인내천(人乃天) 사상과 모든 사람이 평등하다는 시천주(侍天主) 사상에 기반한 동학을 탄압하고 동학의 창시자인 최제우를 처형했다는 사실이 이를 잘 보여준다.

오히려 일제강점기에는 조선의 정체성을 말살시키기 위한 체계적인 민족차별이 이루어졌고, 사람들은 개인과 평등 같은 가치보다는 민족의식에 기반한 '집합의식'✤이 강화되었다. '민족'이란 개념이 우리에게 자리 잡게 된 것도 이 시기였다. 조선왕조실록에서도 '민족'이라는 단어는 찾아볼

✤ 집합의식(collective conscience)은 뒤르켐이 사용한 개념으로 개인의식에 대비되는 조직되지 않은 집단의 의식을 의미한다. 이와 비슷한 표현으로 '집단의식(group conscience)'이 있는데, 이는 조직되어 만들어진 집단의 의식을 말한다. 이 글에선 국가나 집단으로 형성되어 있지 않은 한국 사람들의 의식을 의미하는 말로 '집합의식'을 사용했다.

수 없다. 우리가 오늘날 '민족'이라고 사용하는 개념과 가장 비슷한 표현으로 '동포(同胞)'가 있었지만 여기서 '동포'라는 표현은 혈족으로 엮인 관계가 아니라 우리가 지금 생각하는 백성을 의미했다.

그 의미가 점진적으로 '내부적 동질성을 갖는 백성'의 의미로 사용하기 시작한 것은 1890년대 〈독립신문〉의 기사에서 '동포'를 본격적으로 '내부적 동질성을 가진 집단'을 지칭하는 표현으로 사용하면서부터이다.

'동포'가 아닌 '민족'이란 표현은 일본에서 'nation'이란 표현을 번역하면서 처음 사용되었고, 우리나라에서는 1900년 1월 12일 〈황성신문〉에서 '백인민족'과 대비되는 표현으로 처음 사용되었다. 즉 1905년까지만 해도 우리나라에서 '민족'이란 표현은 자주 사용되지 않았고, '민족'은 '인종'의 의미로 사용되었다.

우리가 생각하는 '민족'이란 의미로 사용된 것은 1906년 8월 7일 〈대한매일신보〉✹에서 내부대신 이지용이 "민족을

✹   영국 언론인 어니스트 베델을 발행인 겸 편집인으로 한 〈대한매일신보〉는 1904년 일본 민간 신문 사전검열을 피해 일본군과 싸우는 의병 운동에 대한 내용을 실었다. 독립운동가인 임치정과 안태국이 경영에도 참여했었는데, 그들은 일제에 대항하고 일본인과 대립하는 집단으로서의 정체성 형성을 목적으로 '민족'이라는 표현을 사용했다.

멸망시킬 수 있을 듯하다."는 내용을 담은 '통곡조한국지민'이라는 논설과 1908년 8월 29일 같은 신문에 '민족은 동일한 혈통을 가지고 같은 땅에 살면서 같은 역사와 종교, 언어를 공유하는 집단'이라는 논설이 실리면서부터이다. 이러한 민족의식은 일제의 탄압과 차별로 고통스러운 조선 사람들에게 그에 대항하는 집합의식으로 자리 잡으며 강화되었다.

하지만 일제강점기를 지나 해방 후에도 집합의식이 강화되는 현실이 계속되었다. 38선을 경계로 남북한이 나뉘고, 친일파들이 남한 정부의 주요 요직을 차지하면서 독립운동가들과의 대립 구도가 형성되었기 때문이다. 6.25전쟁 이후에는 북한에 대한 반감과 냉전 체제가 대립 구도를 더욱 심화시켰다.

그 과정에서 우리나라는 '한강의 기적'이라고 불리는 놀라운 수준의 경제성장을 이루었다. 하지만 우리나라의 경제성장은 아래로부터 인식의 변화로 산업혁명이 촉발된 유럽과는 달리 우리만의 독특한 과정이었고 개인의 인식 체계에 미친 영향도 달랐다. 교회의 억압과 통제에서 벗어나 자유로워진 개개인이 사익을 추구하며 경제발전을 이룬 유럽에서는 '자유', '평등'과 같은 근대적인 사고방식이 자연스럽게 형성되었지만, '국가 발전'을 위해 국가 주도로 경제성장

을 경험한 우리나라에서는 국가중심적으로 사고하는 집합의식이 강화되었다.

1970년대부터 전개된 '새마을 운동'은 우리나라의 경제발전이 집합의식의 형성을 통해 이루어진 것임을 잘 보여준다. "너도나도 힘 모아 새마을 이룩하자!"나 "사람마다 새정신 마을마다 새마을"와 같은 구호들은 '개인'을 고려하지 않았다. 새마을 운동의 정신이라고 할 수 있는 "근면, 자조, 협동" 역시 '함께 열심히 일하는 것'을 전제하고 있다. 이러한 사회적 흐름 속에서 국가는 '개인'과 '자유'를 국가적인 목표를 달성하기 위해 억압했다.✻

IMF 외환위기가 만들어낸 변화

우리나라 사람들의 집합의식은 1997년 IMF 외환위기 '금

✻ 그 단적인 예가 1970년대에 시행된 '장발 단속'이다. 당시 「경범죄 처벌법」이 발효되면서 장발 단속은 법제화되었다. 1973년에만 1만 2,000여 건이 단속되었고 1976년에는 치안본부장이 대대적인 장발 일제 추방령을 내리기도 했다. 1988년 「경범죄 처벌법」에 장발 단속 규정이 삭제되면서 장발은 경범죄가 아니게 되었으나 그에 반발하는 사람은 전체 인구의 극히 일부에 불과했다. 장발 단속이 계속될 수 있었던 건 정부가 펼친 다양한 홍보와 매체 전략을 통해 집합의식이 자리 잡고 있었기 때문이다.

모으기 운동'까지 계속되었다. 금 모으기 운동은 1998년 1월 5일에 시작되어 4월까지 350만 명이 넘는 사람들이 참여했다. 당시 기준으로 약 22억 달러에 상당하는 227톤의 금이 모였고 모인 금은 외화 확보에 사용되었다. 심지어 3톤가량의 금이 남아 한국은행이 매입해서 외화 보유액에 추가했다. 국가적인 위기를 극복하기 위해 개인이 재산을 내놓은, 전 세계 어디에서도 유래를 찾아보기 힘든 사례이다. 이는 1990년대 후반까지 우리나라 사람들의 집합의식이 얼마나 강했는지를 보여준다.

이런 집합의식이 유지될 수 있었던 것은 IMF 외환위기가 터지기 전까지 국가의 성장이 개인의 생계와 생활의 발전으로 이어졌기 때문이다. 우리나라의 경제성장률은 1960년대 9.5%, 1970년대 9.3%, 1980년대 9.9%, 1990년대에는 IMF 외환위기를 경험하면서도 7.0%를 기록했다. 일자리는 끊임없이 창출되고 고용도 당연히 유지되었다. 1960~1970년대 세계에서 가장 못사는 나라였던 우리나라가 과거에 상상하지도 못했던 경제적 풍요를 누리게 된 현실에 사람들은 만족스러워했다.

하지만 자연스럽게 이루어진 풍요는 아니었다. 그 과정에서 경제 영역의 많은 의사 결정이 시장의 효율이 아니라 정

경 유착 관계에 따라 내려졌고, 관치 금융과 재벌기업의 문어발식 확장 등 무리한 정부 주도의 경제개발 결과는 IMF 외환위기로 찾아왔다. 1997년 12월부터 1998년 4월까지 월평균 3,000개 이상의 기업이 문을 닫았고, 30대 대기업 중 17개가 퇴출당했으며, 평생직장을 보장했던 회사들에서 대량 해고가 이루어졌다. 1999년 2월, IMF 외환위기 이전에 3.1%에 불과했던 실업률은 1966년 이후 최고인 8.7%를 기록하며 10가구 중 4가구가 실직 또는 부도를 경험했다.

IMF 외환위기는 우리나라의 경제 관련 법제도에도 큰 변화를 가져왔다. 정부가 IMF로부터 차관을 받기 위해 제출한 양해각서의 핵심은 '시장원리 중심으로 정치적 개입에서 자유롭게 경제적 의사 결정이 가능'해야 한다는 것이었다. 그리하여 「이자제한법」✽이 폐지되고, 「금융 실명 거래 및 비밀 보장에 관한 법률」, 「자산 유동화에 관한 법률」을 제정하여 자본과 자본의 흐름을 건전하고 활발하게 만들었다. 기업

✽ 1962년에 제정된 이자제한법은 돈을 빌릴 때 계약상의 최고이율은 연 40%를 넘지 못하도록 정하고 이 제한을 초과하는 부분은 무효로 정했다. 이 기준은 1983년에 25%로 낮아졌고, 1997년에 다시 40%로 올렸지만 IMF의 권고에 따라 1998년 1월 13일에 폐지되었다. 하지만 그 후 이자 폭리로 인한 피해가 다수 발생하면서 이자제한법은 2007년에 부활했다.

의 구조조정을 신속하게 추진하기 위한 한시법❋❋으로 「기
업 구조조정 촉진법」이 제정되고, 부실기업 등의 정리, 재건
을 위해 「회사정리법」, 「화의법」, 「파산법」 등도 개정되었다.

또한 IMF 외환위기 당시부터 논의를 시작한 법률도 IMF
를 극복하는 과정과 그 후에 제정되었는데, 감당 불가능한
빚을 탕감하고 새 출발이 가능하게 한 「채무자 회생 및 파
산에 관한 법률」(2004)과 동산·채권·지식재산권을 목적으
로 하는 담보제도를 창설하고 이를 공시할 수 있도록 한 「동
산·채권 등의 담보에 관한 법률」(2010)이 대표적이다. 이런
법제도의 변화는 경제 영역에서 정부의 영향력을 확실히 약
화했다.

그리고 이 과정에서 집합의식은 처음으로 붕괴하기 시작
했다. 우리나라 사람들은 IMF 외환위기 이전까지 국가와 회
사를 위해 일하는 것이 곧 자신을 위한 일이라고 생각했지
만, IMF 외환위기 이후 국가 경제와 회사의 생존을 위한 대
량 해고 사태를 겪으면서 국가와 회사의 이익이 자신의 이
익과 일치하지 않는다는 사실을 깨닫게 되었다. 또한 외환

❋❋ 일시적인 특정 사정을 위하여 일정한 기간에만 효력을 발휘하는 법률을 말한다. 유효
기간 중에 행하여진 위반 행위에 대해서는 법률 폐지 후에도 처벌된다.

위기를 단기간에 극복했는데도 비정규직이 크게 늘어나는 등 국민 대다수가 경제적 어려움을 겪으면서 더 이상 국가의 발전과 안정이 개인의 발전과 안정으로 이어지지 않는다는 것을 해방 이후 처음 경험하게 되었다.

개인주의가 아니라 이기주의

그렇다고 해서 하루아침에 우리나라 사람들의 집합의식이 깨지거나 사라진 것은 아니다. 여전히 상당한 수준의 집합의식이 남아있으며, 이러한 집합의식이 무조건 나쁘다고는 할 수 없다. 뒤르켐은 사회통합은 동질성을 통해 형성되는 '기계적 연대Mechanical Solidarity'와 경제활동과 같은 상호의존관계를 통해 형성되는 '유기적 연대Organic Solidarity'가 강화될수록 잘 달성된다고 주장했다. 집합의식은 그중 동질성을 통한 기계적 연대에 해당한다. 그리고 정도의 차이가 있을 뿐 세계 어느 나라에나 집합의식은 존재한다. 올림픽이나 월드컵 같은 국가 단위의 행사를 개최하는 것도 국가 전통을 강조하는 것도, 집합의식이 있어서 가능하다.

우리나라는 '개인'에 대한 인식보다 '집합의식'이 압도적으로 강했는데 이는 집합의식이 뒤르켐이 말하는 기계적 연대와 유기적 연대 모두를 강화하는 기제로 작용했기 때문이다. 하지만 이 흐름은 일제강점기 이후 약 100년 만에 IMF 외환위기를 기점으로 깨졌다. IMF 외환위기 경험은 더 이상 국가도, 회사도 신뢰할 수 없게 만들었다. 사람들은 그 반작용으로 점점 자신만의 이익을 추구하기 시작했다.

이런 경향은 '개인주의'라기보다 '이기주의'에 가깝다. 진정한 개인주의자라면 자신만큼이나 다른 '개인'도 존중하므로 상대에게 피해를 끼치지 않으려 노력한다. 하지만 IMF 외환위기 이후 우리나라에서 개인주의라고 불리는 모습 중에는 다른 사람이 입는 피해에 관심이 없고 자신의 이익만 추구하는 이기주의에 가까운 모습이 상당 부분 보인다.

그렇다 보니 자신의 이익만을 추구하는 사람들로 인해 피해를 보는 사람들이 늘어나기 시작했고, 이러한 사실은 급격히 증가한 경제 사기 범죄에서 알 수 있다. 검찰에서 발행한 2022년 범죄분석 자료에 의하면 상대를 속여 재산상 이익을 취득하는 범죄인 사기 범죄는 2021년 총 29만 7,981건이 발생했는데 이는 2007년의 18만 6,115건보다 10만 건 이상 증가한 것이다. 단순히 기술의 발전으로 다양한 형태의 사기 범죄가 생겨났다고 하기에는 그 상승폭이 너무 크다.

상황이 이렇다 보니 우리나라 사람들은 상대를 쉽게 신뢰하지 못하게 되었다.

이는 영국의 싱크탱크인 '레가툼 인스티튜트 파운데이션Legatum Institute Foundation'에서 2023년에 조사한 번영 지수에 대한 결과에서도 분명하게 드러난다. 항목 중 개인 간, 개인과 기관 간의 신뢰와 존중, 의존 수준을 조사한 '사회적 자본' 부문에서 우리나라는 조사대상국인 167개 국가 중 107위를 차지했는데, 이 통계는 우리나라 사람들이 타인, 기관, 정부를 신뢰하지 않는 경향이 무척 강하다는 것을 보여준다.

집합의식 VS 개인주의

우리나라 사람들이 이처럼 극단적으로 자신만을 위하고 다른 사람은 신뢰하지 않게 된 이유는 근대화가 진행되는 과정에서 인식의 변화가 스스로 일어난 것이 아니라 외부로부터 강제 이식되어서라고 본다. 헌법과 법률은 근대적인 요소를 담고 있었을지 몰라도 IMF 외환위기 이전까지 우리나라는 대통령과 기업 총수에 의해 모든 의사 결정이 이루어지는 봉건사회와 같이 운영되고 있었다. 하지만 물질적 풍요를 누리다 보니 사람들은 이에 큰 불만이 없었고, '개인'과 '자유'라는 인식에 대해서도 이해 수준이 낮았다.

그러다가 IMF 외환위기를 기점으로 우리나라 사람들은 말 그대로 '하루아침에' 각자도생해야 하는 상황에 직면했다. 급격한 변화 속에 자신의 이익만을 생각하는 사람들은 '이기주의'를 '개인주의'로 착각하며 자신의 자유로운 의사 결정이 타인에게는 피해가 될 수 있고 상대도 자신과 똑같이 이익을 추구하는 개인일 뿐이라는 사실을 인지하지 못했다.

오늘날 우리나라는 국가 경제 규모에서는 상당한 수준으로 올라섰지만 개개인의 의식 수준은 그에 미치지 못하고 있다. 여기에 더해 집합의식이 견고한 세대와 IMF 외환위기 이후 태어났거나 사회생활을 시작한 세대 간의 의식 차이가 거의 모든 분야에서 갈등을 빚어내고 있다.

이러한 혼돈 속에서 강한 집합의식을 가진 사람들은 개인을 중시하는 사람들이 이기적이라고 말한다. 하지만 사람은 누구나 어느 정도는 자기중심적일 수밖에 없다. 어느 특정한 사람이 다른 사람보다 집합의식이 더 강하다면, 그 이유는 그 사람이 생계를 해결하고 번영하는 데 집합의식이 유리하게 작용했기 때문이다. 반대로 개인주의를 더 중시하는 사람은 생존을 위해 그 방법이 더 유리해서이다. 따라서 세

대 간 갈등을 바라볼 때 지금의 20~30대는 평생을 각자도생
해야 하는 사회 분위기에서 성장하여 사회생활을 시작했다
는 사실을 기억할 필요가 있다.

신자유주의 체제하에서 국가의 개입

'개인'과 '자유'에 대한 인식 외에 IMF 외환위기가 우리나라 사람들에게 강하게 심어 놓은 생각은 '국가가 시장에 개입해서는 안 된다'라는 것이다. IMF 외환위기가 경제 영역에 대한 국가의 과도한 개입, 즉 국가 주도의 개발정책, 관치 금융, 재벌체제 등으로 발생했다 보니 많은 이들이 국가가 시장에 개입하는 것에 알레르기 반응을 보인다.

그러나 오늘날 정부가 경제 영역에 '절대' 개입해선 안 된다는 생각은 위험할 수 있다. 이는 앞에서 살펴봤듯이 자유주의 이념을 기초로 하는 경제 영역에서 국가의 개입이 전혀 없으면 많은 사회 문제가 발생하고, 보장받아야 할 누군가의 자유가 오히려 침해될 수 있기 때문이다. 영국에서 19세기 초부터 「면직공장법」, 「공장법」, 「광산법」, 「공장법」

등을 통해 근로 연령과 노동 시간을 제한하고, 영국의 식민지였던 뉴질랜드가 1894년 최초로 '최저임금제'를 도입한 것은 국가가 시장에 개입하지 않아서 발생한 부작용을 해결하기 위함이었다.

단순히 인권 보장의 문제가 아니다. 우리는 국가, 자본가, 노동자는 모두 각자의 이익을 극대화하기 위해 최선을 다하는 독립된 주체라는 사실을 기억해야 한다. 만약 자본가에게 완전한 자유를 허용하는 것이 국가 차원에서 이익이었다면 각국 정부는 자본가에게 완전한 자유를 허용했을 것이다. 그런데도 국가들이 자본가의 자유를 제한하는 법과 제도를 마련한 까닭은 자본가의 무제한 자유가 중장기적으로는 국가의 이익에 반한다는 것을 경험했기 때문이다.

인류의 욕망이 부딪치며 만들어가는 법제도

만약 영국에서 아동들을 공장에서 저임금으로 일하도록 방치했다면 어떻게 되었을까? 노동 연령과 노동시간을 제한하기 전까지 영국에서는 수많은 아이가 공장에서 일하다 죽어 나갔다. 이러한 흐름이 이어졌다면 영국에서는 멀지 않아 노동력 부족 사태가 닥쳤을 것이고, 교육받을 나이에 일만 해온 노동자는 특별한 기술을 익히지 못해 단순노동만 하면서 살게 될 테니 개인은 물론 사회도 발전할 역량을 키우지 못했을 것이다. 여기에 더해 저임금 노동자는 경제적 수준이 낮아 생존에 필요한 기본적인 재화 이외에는 구매할 여력이 없으니 시장의 규모가 축소되어 자본가의 이윤 또한 줄어들었을 것이다.

자본가들의 끝없는 욕망을 보여주는 것이 '노예제도'이다. 중세 이전의 노예제도는 보통 한 집단이나 국가가 상대 집단이나 국가를 점령한 후 패배한 집단의 구성원들을 노예로 삼는 방식으로 이루어졌다. 반면 신대륙이 발견된 이후 16세기부터 유럽과 미국에서 시작된 노예제도는 철저히 경제적인 이유로 만들어지고 유지되었다. 당시 노예제도가 미국의 설탕, 담배, 면과 커피 농장에서 비용을 최소화하기 위해 아프리카 사람들을 들여오면서 형성되었다는 사실만 봐도 알 수 있다. 자본가들은 노예제도를 영국에서는 「노예제도폐지법The Slavery Abolition Act」(1833)를 통해, 미국에서는 「수정헌법」 제13조의 개정(1865)을 통해 공식적으로 완전 폐기되기 전까지 적극 활용했다.

인류의 역사에서 법과 제도는 이처럼 인간의 다양한 욕

구와 욕망이 부딪히면서 만들어져 왔다. 문제는 그러한 욕구 대부분이 근시안적이라는 데 있다. 당장 눈앞의 이익만을 추구하는 선택은 여러 부작용을 낳는다. 한정된 본인의 경험만을 바탕으로 결정하기 때문이다. 그러한 상황을 예방하기 위해서라도 국가의 개입은 필요해 보인다.

자유로운 시장에 국가가 개입을?

국가의 개입을 배제하는 자유주의 이념에 기초한 경제 체제는 20세기 초까지 유지되었다. 그러다가 제1차 세계대전 후 1920~1930년대 '대공황'이라는 경제위기에 직면하게 되자 미국과 영국을 포함한 국가들은 영국 경제학자 케인스의 이론을 적용하여 노동시간을 단축하고, 최저 임금을 보장했을 뿐 아니라 최저 생활비를 포함한 다양한 사회보장제도를 마련하는 등 시장에 적극 개입했다. 이를 '수정자본주의'라고 한다. 미국에서는 루스벨트 대통령이 케인스의 이론을 도입한 '뉴딜정책'으로 대공황을 극복했다.

그렇다고 해서 국가의 개입이 항상 효율적이고 효과적인 것은 아니었다. 대공황은 벗어났지만, 지속적인 국가의 개입으로 1970년대 영국과 미국은 물가가 급격히 오르는 인플레이션과 소비 침체 등으로 경제성장률이 오히려 하락하는 스태그플레이션을 경험했다. 그러한 상황에서 영국의 대처 총리와 미국의 레이건 대통령은 사회보장제도와 세금을 줄이고 정부의 개입을 축소하여 경제위기를 극복했다.

　이 변화는 '신자유주의'로의 전환으로 이어졌다. 하지만 이는 과거 자유주의 이념을 기초로 하는 경제 체제와는 확연히 달랐다. 어떤 경우에도 국가가 개입해서는 안 된다는 자유주의자들의 주장과 달리 신자유주의자들은 자유주의 이념에 기반한 경제 체제의 부작용을 보완하기 위해 최소한 범위에서는 개입할 필요가 있다고 인정한다. 영국과 미국이 경제위기를 극복하기 위해 신자유주의적 정책을 적극 펼쳤고, 이에 신자유주의 이념은 계속해서 확산되어 주요 선진국을 중심으로 금융 자유화가 이루어졌다. 이후에는 많은 국가가 국경 개방과 자유무역을 요구받았다. 1995년에는 자유무역의 확대를 목표로 하는 세계무역기구World Trade Organization(이하 WTO)가 설립되었고 국가 간 자유 무역 협정 Free Trade Agreement(이하 FTA)를 체결하면서 무역장벽을 낮춰 나갔다.

그러던 중 2008년 미국의 서브프라임 모기지론✢ 사태로 촉발된 금융위기가 미국과 경제위기에 직면한 국가들을 신자유주의의 반대 방향으로 이끌었다. 미국의 중앙은행인 연방 준비 제도는 전통적인 유동성 공급방식을 넘어서 더 적극적인 유동성 공급안을 시행했고✢✢, 큰 폭으로 금리인하를 단행하고 파산 위기의 기관들에 구제금융을 제공하며 다양한 경기부양책을 도입했다.

그 이후에도 신자유주의의 선두 주자였던 영국과 미국은 신자유주의에 반하는 결정을 지속해서 해왔다. 영국은 자국의 이익을 위해 실질적으로 무역장벽을 높일 것이 분명한 유럽연합 탈퇴를 결정했고, 미국은 소위 '오바마케어'라고 불리는 「환자보호 및 부담적정보험법The Patient Protection and Affordable Care Act」을 통과시키며 건강보험제도에 대한 정부

✢ 서브프라임 모기지론이란 능력이 낮아 신용도가 일정 기준 이하인 저소득층에게 주택을 담보로 제공되는 대출을 의미하는데, 2000년대 들어 유동성이 과도하게 높아지고 금리가 낮아지면서 미국의 주택 담보 대출 시장에서 신용도가 낮은 사람들에게 제공되는 대출의 비율이 높아졌다. 그런데 급등했던 부동산 가격이 하락세로 돌아서면서 서브프라임의 연체율이 급상승했고, 그 결과 주가가 폭락하고 금융회사들이 파산하면서 미국을 넘어 전 세계 경제를 위기로 내몰았다.

✢✢ 유동성 공급이란 쉽게 말해 시중에 돈 또는 돈으로 쉽게 바꿀 수 있는 금융자산을 늘린다는 말이다. 통화량을 증가시켜 경제를 활성화하는 양적완화 등은 유동성 공급의 한 형태이다.

의 보조금 부담을 늘리고 복지를 확대했다.

오바마 대통령 이후 당선된 트럼프 대통령도 '미국 우선주의'를 표방하며 보호무역정책을 펼쳤으며, 다음 대통령이 된 바이든은 트럼프의 '미국 우선주의'를 폐기하겠다고 약속했지만, 자국 내 산업 강화를 위한 보조금 지급 등의 내용을 담은 「인플레이션 감축법Inflation Reduction Act, IRA」을 제정했다. 이와 같은 정책들은 전통적인 신자유주의적인 정책과 거리가 멀었다.

신자유주의의 명과 암

많은 국가가 국경 개방을 요구하는 신자유주의와 이에 기반을 둔 국제기구들을 비판하는 이유는 그 이면에 선진국들의 '자국 이기주의'가 있기 때문이다. 실제 IMF, WTO, 세계은행World Bank은 세계 생산고의 80%, 국제무역의 70%를 차지하는 선진국들이 주도하고 있으며, 신자유주의 체계에서 자유무역을 통해 개발도상국에서 선진국의 반열에 들어선 국가는 찾아보기 힘들었다.

또한 선진국들은 FTA의 틀 안에서 개발도상국에 대한 원

조나 관세 우대를 줄이는 방향으로 자국의 이익을 실현했으며, FTA를 자국 제품을 팔 수 있는 시장 확장의 수단으로 활용했다. 반면 개발도상국들은 농산물이나 자원 등을 수출하는 경우가 많았다. 과거 식민지를 통해 저렴한 노동력을 구하고 농산물과 원자재를 수입하는 대신 자국에서 생산한 공산품을 수출한 19세기 유럽 국가들과 패턴이 비슷하다. 그래서 신자유주의를 새로운 형태의 제국주의라고 비판한다.

이러한 현실은 이기적인 인간이 모인 국가 역시 자국 중심적이고, 국가가 개입하여 경제 문제가 해결할 수 있는 완벽한 이념이나 이론은 존재하지 않는다는 것을 보여준다. 그런데도 우리는 국가 권력의 시장 개입을 비판하고 자유 시장과 규제 완화, 재산권을 중시하는 신자유주의 경제 체제에서 살아갈 수밖에 없다는 사실을 받아들여야 한다. 신자유주의에 기초한 경제 제제 덕분에 누리게 된 풍요로움을 포기하는 것은 불가능하기 때문이다.

신자유주의가 아니었다면 국가 간 무역이 지금과 같은 규모로 커지지 못했을 것이다. 국가 간 FTA가 아니라면 지금의 가격에 커피, 와인, 맥주, 열대과일 등은 구경도 힘들었을 것이다. 1980년대 우리나라에서 자장면이 800원일 때 바나나 한 개(한 송이가 아니다)가 2,000원에 팔렸다는 것은 우리가 어떤 세상에서 살았는지 잘 보여준다. 우리나라가 생산하는 전자제품에 들어갈 외국산 부품을 생각해 봐도 지금과 같은 가격으로 출시하는 것은 불가능했을 것이다. 지금 누리는 물질적 풍요로움을 버리고 이전 세상으로 돌아가고 싶은 사람이 과연 얼마나 되겠는가.

자국 중심적 국가들의 모인 복잡한 세계

그렇기에 경제 영역에 대한 국가의 개입은 국가의 개입 여부가 아니라 '얼마나'와 '어떻게'에 초점을 맞춰야 한다. 또한 우리는 '국가는 기본적으로 자국 중심일 수밖에 없다'는 사실도 받아들여야 한다. 그런데 만약 신자유주의 경제 체제를 기초로 한 자국 중심적인 국가들이 이토록 밀접하게 연결된 세계에서 우리나라 정부만 시장에 개입하지 않으면 우리는 어떻게 될까?

미국 연방준비제도가 자국 내 인플레이션 문제를 해결하기 위해 2022년부터 계속해서 금리를 인상한 것을 보자. 미국의 기준금리만 오르고 다른 나라들은 금리를 올리지 않는다면 투자자들은 기존 투자처에서 자금을 회수하여 미국에

투자할 것이다. 그래서 대부분 국가는 미국을 따라 기준금리를 올릴 수밖에 없다. 우리나라도 마찬가지다. 하지만 기준금리가 오르면 이와 연동하여 은행 금리도 오르고 그러면 기존 대출자들은 감당해야 할 대출이자가 늘어난다. 투자를 위해 대출받으려면 전보다 높은 금리를 감당해야 하니 투자자가 줄어들게 된다. 실제 우리나라에서는 최근 금리가 인상되면서 일부 주택가격이 영향을 받고 주택착공도 지연되고 있다. 이러한 흐름의 시작점이 바로 2022년 미국의 금리 인상이었다.

돈벌이를 포기하지 않도록 하기 위해서라도

정부가 시장에 개입해야 하는 또 다른 이유는 국가 주도로 '부의 재분배'가 이루어지지 않으면 빈부 격차가 심해질 수 있어서이다. 자본주의 사회에서는 돈이 돈을 벌어들인다. 즉 수익률이 10%라면 100만 원을 투자해서는 10만 원을 벌지만 1,000만 원을 투자하면 100만 원을 번다.

이러한 시장 경제 체제에서는 돈이 많은 사람만이 계속해서 돈을 벌 수밖에 없으므로 빈부 격차가 심해진다. 그러면 가난한 사람들은 구매력이 떨어져 시장 자체가 망가질 확률이 높다. 뿐만 아니라 가난이 구조화되는 순간 사람들은 일할 동기를 상실하게 되는데, 이는 경제 체제 전체에 위협이 된다.

이런 현상은 이미 우리 주변 곳곳에서 볼 수 있다. 유행처럼 번진 '욜로YOLO-You Only Live Once' 현상은 미래의 행복을 담보할 수 없으므로 현재의 행복부터 찾자는 것이고, 주식과 비트코인으로 온 관심이 쏠렸던 것 역시 근로소득만으로는 더 이상 풍요로운 삶을 살지는 못할 것이 분명해 보였기 때문이다.

사람들은 앞으로의 삶이 나아질 수 없다고 생각하는 순간 노력하기를 포기한다. 좋은 대학에 가려고, 의사나 변호사 같은 전문직이 되려고 노력하는 것은 풍요로운 삶에 대한 희망이 있어서이다. 하지만 빈부 격차가 지금보다 심해지면 사람들은 그러한 희망조차 품지 않게 될 것이다. 가령 열심히 노력해서 돈을 모았는데 물가가 계속해서 올라 집을 살 수 있다는 희망조차 보이지 않는다면 당신은 좋은 대학이나 회사에 들어가려고, 또는 의사나 변호사가 되려고 학비와 시간을 들이면서 공부할 것인가? 노력하든 하지 않든 결과가 크게 다르지 않다면 최선을 다할 의지가 생길까?

아르바이트나 파트타이머로 일하면서 생계를 해결하는 일본의 프리터족Freeter=Free+Arbeiter이 탄생한 것은 희망이 없어진 사회의 삶을 보여주는 대표적인 예이다. 일본 총무성이 2020년 2월에 발표한 2019년 노동력 조사에 의하면 일본의 35~55세 프리터족은 2002년에서 두 배 증가한 약 99만 명이라고 한다. 아직 정확한 통계는 없지만 한국에서도 프리터족이 증가하고 있는 것으로 알려져 있는데, 이는 노력해도 성공할 수 없다고 생각하는 사람들이 우리나라에도 상당수 존재한다는 것을 의미한다.

프리터족이 증가하면 기업에서는 원하는 기술이나 경험을 갖춘 인재를 구하기 힘들 것이고, 정부는 세수가 줄어들 뿐 아니라 이들이 현실적인 이유로 아이를 갖지 않을 테니 출생률이 낮아져 인구가 줄어들 것이다. 이 흐름이 계속되면 국가와 기업의 경쟁력은 약화할 수밖에 없다.

더 많이 벌 수 있다면

우리는 사람들이 더 잘 살기 위한 노력을 하지 않는 사회를 이미 본 적이 있다. 바로 사회주의 국가이다. 개인이 아무리 노력해도 자신의 욕구와 욕망을 충족하면서 물질적 풍요로움을 누릴 수 없으니 사회주의 국가에서는 자연스럽게 열심히 살지 않게 되었다. 그 결과 국가가 발전하는 데 한계가 생겼고 사회주의 국가는 결국 체제 경쟁에서 패배했다.

신자유주의자들은 기본소득이나 다양한 복지제도가 사람을 게으르게 만들고 일할 의지를 사라지게 할 것이라고 주장한다. 물론 그럴 수도 있겠지만 조금 더 생각해 보자. 당신에겐 기본소득 월 100만 원이 있다. 하지만 열심히 노력해서 일을 하면 월 500만 원을 더 벌 수 있다. 이럴 경우 당신은 기본소득만으로 만족하고 일하기를 포기할까? 별다른 이유가 없다면 대부분은 일을 해서 월 500만 원을 더 벌려고 할 것이다.

인간은 더 많이 가질 수 있다는 희망과 가능성이 보인다면 노력을 아끼지 않는다. 기본소득을 주면 일하지 않을 것이라는 전제는 인간의 욕구와 욕망을 과소평가한 것이다. 사회주의 국가에서의 발생한 사례만을 놓고 보면 그런 생각이 들 수 있겠지만 사람들이 일하지 않고 노력하지 않는 것은 그들이 게으르거나 기본소득이 보장되어서가 아니라 희망이 보이지 않아 일할 의욕이 사라졌기 때문이다.

이런 상황이 벌어지지 않으려면 노력한 만큼 성취할 수

있는 환경이 중요한데 신자유주의 체제하에서 빈부 격차가 심해지면 이런 환경은 만들어질 수가 없다. 그러므로 정부는 빈부 격차를 완화하고, 노력하면 결실을 볼 수 있도록 법과 제도를 제정하여 경제 영역에 개입해야 한다. 또한 이는 중소기업이나 스타트업에 대한 지원뿐만 아니라 개개인에게 목표와 희망을 주는 동기부여가 되는 방향이어야 한다. 앞으로 영역별로 구체적으로 살펴보겠다.

세금의 이유

국가는 필요한 물품을 사고 임대료를 내는 '소비자'로서 시장에서 활동하지만 경제적 가치를 주체적으로 생산하지는 않는다. 국가는 경제 영역에 개입하여 전반적인 경제 체제를 관리·통제하는 역할과 기능만을 담당한다. 그리고 국가는 그 기능을 수행하기 위해 경제적 가치를 창출하는 생산자로부터 일정 비용을 받는다. 그것이 세금이다.

앞에서 살펴본 신자유주의자들의 주장처럼 정부의 개입을 최소화해도 국가는 경제 영역 안에서 꽤 많은 기능과 역할을 담당한다. 신자유주의 체제하에서도 국가는 기본적으로 경제적인 흐름에 따라 기준금리를 조정하고 시장원리를 왜곡하는 기업의 담합을 감시하고 담합하면 처벌한다. 여기에 더해 국가는 자국민과 자국 기업이 해외 시장을 확대할

수 있도록 의견을 청취하고 FTA를 체결하는 등 다양한 역할을 수행한다.

경제 영역 안에서 국가의 기능과 역할이 이렇게 많은데도 국가는 어떠한 경제적 가치도 직접 생산하지 않는다. 쉽게 말해 국가는 돈을 벌기 위한 조직이 아니다. 조금 더 명확히 하자면 국가는 이윤을 추구하면 안 된다. 시장을 통제하고 관리하는 국가가 이윤을 추구하기 시작하면 다른 경제 주체와 불평등이 발생하기 때문이다. 그래서 국가는 필요한 비용을 세금으로 징수하여 조달한다.

그런데도 이 글을 쓰고 있는 이 순간에도 나는 어떻게 하면 세금을 한 푼이라도 덜 낼 수 있을지를 고민하며 기부금 영수증을 부지런히 챙기고 있다. 나만 그럴까? 이 글을 읽고 있는 당신도 연말정산의 계절이 돌아오면 세금을 조금이라도 아낄 수 있는 방법을 찾기 위해 부단히 노력할 것이다. 이러한 현상은 우리 머릿속에 세금은 국가가 제공하는 서비스에 대한 비용을 '지급'하는 것이 아니라 '징수' 당하는 것으로 인식하기 때문이다.

우리는 왜 이렇게 생각할까? 이는 우리 역사에서 세금은 '뜯기는' 것이었기 때문이다. 그러므로 왜 강제적으로 세금이 부과될 수밖에 없는지를 알려면 국가란 무엇이고 국가의 형성은 어떤 과정을 거쳤는지 다시 살펴볼 필요가 있다.

개인의 생존과 안전 보장을 위한 비용, 세금

앞서 국가의 형성 과정을 살펴봤듯이 인류는 생존과 안전을 위해 공동체를 꾸리면서 규모를 키워나갔다. 주변 공동체들 사이에서 살아남아 안정적으로 유지되려면 체계적인 시스템이 필요했고 구성원들의 소속감을 느끼도록 공동체에 이름을 붙이게 되었다. 그렇게 공동체는 '국가'가 되었다.

국가의 가장 중요한 역할은 구성원의 안전을 보장하는 것이다. 그렇다 보니 국가는 항상 확장하기 위해 노력할 수밖에 없다. 국가가 커질수록 힘이 강해지고, 강한 국가일수록 구성원의 안전을 더 잘 보장할 수 있기 때문이다. 그런데 국가가 커질수록 경제활동이 아닌 국가의 기능에 전념하는 사람들이 늘어났고, 이들을 먹여 살리려면 돈이 필요했다. 세금을 징수할 수밖에 없게 된 것이다.

메소포타미아, 중국, 이집트, 인도, 그리스, 로마, 카르타고, 페니키아, 아랍 등 거의 모든 고대 문명에서 소득과 수확의 일부를 오늘날의 세금처럼 헌납하는 관습을 찾을 있

다. 그것도 마치 약속이나 한 것처럼 10분의 1을 헌납하는 방식으로 말이다.

오줌세부터 보스턴 차 사건까지

국가들은 독특한 세금도 부과하기 시작했다. 대표적인 예로 로마 시대의 '오줌세'가 있다. 로마에서는 섬유 업자들이 공중화장실에 모인 오줌을 수거하여 양털의 기름기를 빼는 데 사용했는데, 이에 사용한 오줌에 세금을 부과한 것이다. 로마 황제는 이것을 군사력 유지를 위한 자금으로 사용했다. 또 로마 시대에는 '독신세'❉도 있었다. 「정식혼인에 관한 율리우스법」을 제정하여 미혼남녀에게 독신세를 부과했고 경우에 따라 선거권과 재산 상속권까지 빼앗았다. 영토 확장을 위해 군인의 확보가 중요했던 터라 이 또한 인구 증가를 위한 정책이었다고 할 수 있다.

❉ 이와 같은 독신세가 로마 시대에 국한된 것이 아니다. 일본에서도 2004년에 독신세를 도입해야 한다는 주장이 제기되었고, 2016년 우리나라의 세금 제도에 대해서도 인적공제액과 기본 공제 대상자의 차이로 인해 1인 가구 세 부담이 더 높아 실질적으로 독신세를 내고 있다는 연구 결과가 발표되기도 했다.

국익을 위해 부과되던 세금은 공동체의 위계를 중시하는 신분제 국가로 넘어오면서 지배 계급(왕, 영주, 양반, 관료 등)의 이익을 위해 오늘날에는 상상하기 힘든 기준으로 징수되기 시작했다. 영국에서는 사람의 머릿수에 따라 부과하는 '인두세'가 있었고, 프랑스와 독일을 포함한 유럽 봉건사회에서는 농노가 대를 이을 자식을 남기지 않고 죽으면 그가 보유한 토지를 영주에게 귀속시키는 '사망세', 농노들이 결혼할 때 영주들에게 내는 '결혼세'가 있었다. 돈이 나올 만한 곳마다 세금을 부과한 것이다.

가장 당혹스러운 세금 중에 건물의 창문 수에 따라 세금을 물린 '창문세'가 있었다. 영국 윌리엄 3세 때 도입된 창문세는 부유한 사람의 집일수록 창문이 많으니 창문 개수를 기준으로 세금을 부과하면 부자들이 더 많은 세금을 내게 된다는 논리였다. 그러자 집마다 창문을 합판이나 벽돌로 막아버렸다. 이에 프랑스 루이 16세는 창문 개수가 아니라 창문의 폭을 기준으로 세금을 부과했다. 역시 사람들은 창문의 폭을 좁게 만들어버렸다. 이 외에도 네덜란드에서는 커튼 길이에 따라 세금을 부과하는 '커튼세', 계단의 층수에 따라 세금을 부과하는 '계단세'가 있었다.

유럽에서 조세제도는 기존 체제를 뒤집는 도화선으로

도 작용했다. 대표적으로 영국의 「마그나 카르타Magna Carta」 (1215)와 프랑스 혁명을 들 수 있다. 「마그나 카르타」는 전쟁 패배로 국가 재정에 문제가 생겨 과도한 세금을 부과하자 불만이 생긴 귀족들이 왕에게 요구사항을 문서에 담아 사인을 받은 것으로 법에 의한 지배를 천명한 최초의 문서라는 중요한 의미를 가진다. 프랑스 혁명은 과도한 세금에 신음하던 민중이 전체 농지의 40%를 차지하면서도 세금은 한 푼도 내지 않는 성직자와 귀족들에 대한 불만이 폭발하면서 일어났다.

미국 독립 전쟁의 발화 요인으로 작용한 '보스턴 차 사건'도 세금에 대한 저항으로 시작되었다. 영국은 1767년 「타운젠드법Townsend Acts」을 제정해 식민지로 들어가는 물품들에 관세를 부과했으나 저항에 부딪혀 1770년 대부분의 관세를 폐지했다. 하지만 차에 대한 관세는 유지되었고, 이에 더해 1773년 「차법Tea Act」를 제정해 차의 유통은 영국 동인도회사에 독점권을 주었다. 그러자 화가 난 아메리카 대륙에 살던 사람들이 보스턴 항에 정박한 배에 실려 있던 차 300상자를 바다에 던져버렸다. 영국은 이에 대한 처벌을 목적으로 바다에 버려진 홍차를 배상할 때까지 보스턴 항구를 폐쇄하는 등의 내용을 포함한 법률을 제정했는데 이것이 미국 독립

전쟁이 시작되는 주요 원인으로 작용했다.

세계사를 바꾼 이러한 사건들이 모두 세금에 대한 불만으로 시작된 걸 보면 세금이 인류에게 얼마나 큰 영향을 미쳐왔는지를 알 수 있다. 세금에 대한 반발로 국가체제까지 전복되었던 이유는 세금을 필요와 근거가 아니라 지배 계급 마음대로 결정했기 때문이다. 지배 계급은 다른 사람이 처한 현실과 무관하게 자신의 목적에 따라 세금의 항목과 내용을 늘려나갔고 감당할 수 없는 수준에 이르자 사람들은 이에 저항한 것이다.

이런 저항의 역사에도 불구하고 국가가 존재하려면 세금은 필요하다. 그래서 세금은 점차 개인의 일방적인 결정이 아니라 사람들의 동의를 통해 결정되기 시작했다. 「마그나 카르타」가 만들어진 이후 영국은 반드시 의회의 동의가 있어야 세금을 부과할 수 있고, 프랑스는 혁명 이후 프랑스는 국민제헌의회에서 세금의 내용을 정했다.

세금과 법치주의

이처럼 법이라는 시스템을 통해 국가가 운영되는 것을 우

리는 '법치주의'라고 부른다. 이전에도 형식적인 법률은 존재했지만 소수에 불과한 지배 계급들이 일방적으로 정하고 폐기할 수 있었다는 점에서 당시의 법제도는 '인치'의 도구에 불과했다. 그러다가 앞서 말한 여러 혁명적 사건으로 의회에서 법을 만들게 되었고, '법'이라는 시스템이 사회의 질서를 유지하도록 함으로써 인류는 처음으로 시스템에 의한 지배가 이루어지는 경험을 하게 되었다.

우리나라 또한 일제강점기 이후 형식적으로는 이러한 법치주의가 「헌법」의 기본원리로 자리 잡고 있다. 세금에 대하여 「헌법」은 제59조에서 "조세의 종목과 세율은 법률로 정한다."라고 했고, 이를 흔히 '조세 법률주의'라고 한다.

「헌법」에서 단 한 번도 빠진 적 없는 이 '조세 법률주의'는 사실 일본과 우리나라에만 존재하는 개념이다. 일본은 근대화 과정에서 주권이 국민이 아니라 천황에 있다는 '천황 주권설'을 유지하면서도 유럽, 특히 독일의 법제도를 받아들일 수 있는 방법을 찾아야 했다. 그러다 보니 다른 영역은 천황에게 권한이 부여되어도 조세 영역은 법치주의 원리가 적용된다는 것을 명확히 할 필요가 있었다. '조세 법률주의'라는 개념이 만들어진 것이다. 우리나라도 일본의 경우를 그대로 받아들여 이를 헌법에 명시했다.

하지만 법치주의 국가에서는 모든 영역이 법률로 규율되므로 조세 법률주의라는 개념이 별도로 존재할 필요가 없다. 이는 조세가 아닌 다른 영역은 법률로 정하지 않아도 괜찮다고 해석될 수도 있기 때문이다. 즉 이 개념을 별도로 사용하면 자칫 혼란을 일으킬 수 있으므로 사용하지 않는 게 바람직해 보인다. 조세에만 특별히 다른 원리가 존재하는 것은 아니기 때문이다.

국가의 위기에 증가하는 세금

지금과 같은 세금 제도가 정착된 것은 언제부터일까? 우리에게 가장 익숙한 '소득세'의 경우 프랑스 혁명 이후 처음 제정되었다가 얼마 지나지 않아 폐지되었고, 영국은 1799년 나폴레옹과의 전쟁을 준비하기 위해 도입되었다가 전쟁이 끝난 뒤 1816년에 폐지되었다. 미국에서도 소득세는 1861년 남북전쟁 비용을 마련하기 위해 도입되었다. 이렇듯 소득세는 19세기까지만 해도 전쟁으로 인해 한시적으로 부과하던 세금이었으며 부과 대상도 일정 수준 이상의 수입이 있는 일부에게, 세율 또한 0.8~3%에 그쳤다.

근대화 과정에서 소득세가 부과되지 않은 것은 소득세를 징수하려면 개인의 수입을 파악해야 하는데, 이것이 국가가 개인의 사생활과 자유를 침해하는 것으로 간주되었기 때문이다. 하지만 소득세는 그 어떤 세금보다 재원을 조달할 수 있는 확실한 수단이어서 국가 위기 상황이 되면 국가들은 소득세 카드를 다시 꺼내 들었다. 소득세가 폐지되었던 영국에서도 1853년 크림전쟁으로 인한 재정위기를 극복하기 위해 소득세를 부활시켰고, 두 차례 세계대전을 거치면서 다른 국가들도 하나둘씩 소득세를 도입하기 시작했다.

소득세는 전쟁의 영향을 많이 받은 세금이다. 국가가 국민의 안전을 보장하려면 많은 돈이 필요했고 실제 소득세의 존재 여부는 전쟁에서 유의미한 결과의 차이를 만들어 냈다. 그 대표적인 예가 나폴레옹 전쟁에서 프랑스가 패배한 것이다. 나폴레옹이 전쟁을 일으켰던 19세기 초 프랑스는 소득세가 폐지된 상황이었고, 프랑스군은 점령한 곳을 약탈하며 필요를 충족시켰다. 이는 점령지 주민의 반발로 이어져 프랑스가 패배하는 데 영향을 미쳤다.

세금이 급격하게 증가하게 된 또 다른 계기는 제1차 세계대전 이후 1930년대에 찾아온 경제 대공황이었다. 당시 미국을 비롯한 다수의 국가가 불안정한 시장에 국가가 적극적으로 개입해야 한다는 영국의 경제학자 케인스의 이론을 받아들여 정책을 펼치기 시작했다. 다양한 공공사업을 펼치고, 소비를 늘리기 위해 복지를 확대하면서 정부는 과거보다 더 많은 기능과 역할을 하게 되었고, 그러기 위해서는 돈이 필요했다. 세금을 많이 걷을 수밖에 없었다. 하지만 당시 사람들이 불만이 크지 않았던 이유는 그 덕분에 경제 대공황을 극복하고 호황을 누렸기 때문이다.

하지만 이 경제 호황은 1970년대에 부메랑이 되어 돌아와 또 다른 경제위기에 직면하게 했다. 그 과정에서 미국과 영국을 중심으로 한 여러 국가가 국가의 시장 개입이 최소화되어야 한다는 '신자유주의' 이론을 적용한 정책을 추진하여 효과를 보았다.

그렇다면 이제 정부의 기능과 역할이 축소되었으니 세금도 줄어들까? 아니다. 신자유주의 경제 체제에서도 국가의 기능과 역할은 여전히 크다.

나라마다 다르게 적용되는 상속세

오늘날의 조세제도는 비슷한 경험을 공유한 국가들이 서

로의 조세제도를 참조하면서 만들었다. 구체적인 내용과 세목의 명칭에는 차이가 있어도 큰 항목들은 비슷하다. 하지만 다른 법제도와 마찬가지로 조세제도도 내부 상황의 영향을 받다 보니 구체적인 세목, 과세 방법과 내용에는 차이가 있다.

예를 들어 2020년 삼성 이건희 회장이 세상을 떠나면서 어마어마한 상속세가 화제가 되자 우리나라 상속세율이 OECD 국가 중 2위로 너무 높은 것이 아니냐는 비판이 제기되었다. 하지만 상속세율은 각국의 역사, 사회, 문화적인 배경이 서로 달라서 다르게 적용되는 것이지 단순히 세율이 높다고 해서 그 법제도가 잘못된 것이라고는 할 수 없다. '상속세'만 놓고 세율을 비교하다 보면 현실을 왜곡할 수 있다. 캐나다와 스웨덴은 상속세가 없다고 알려졌지만 '자본이득세'를 통해 상속에 대한 실질적인 세금이 부과되고 있다. 같은 방식으로 비교한다면 우리나라 부가가치 세율은 OECD 평균 19.3%의 절반 수준인 10%에 머물고 있는데 높은 상속세율을 비판하던 논리를 그대로 적용하면 부가가치세도 올려야 하는 것일까?

우리나라 상속세가 높게 설정된 것은 우리의 역사와 경제 발전 과정과 관련 있다. 우리나라는 1934년에 제정된 일제의 「조선상속세령」을 해방 후까지 적용하다가 1950년 3월 22일 「상속세법」을 제정했다. 「조선상속세령」은 누구에게 상속하는지에 따라 상속세를 다르게 정하고 있었고, 당시 최고세율은 21%에 불과했다. 하지만 해방 후 제정된 「상속세법」은 최고세율이 무려 90%에 이르렀다. 해방 직후 궁핍한 당시에 실질적인 세금 징수 방법이 마땅치 않다 보니 '상속'이라는 명확하게 드러난 행위에 대해 높은 세율을 부과한 것으로 보인다. 6.25전쟁이 발발한 후에는 영토 전체가 초토화되어 상속세율을 조정하기 어려웠고 1967년 최고세율이 70%로 낮아졌다. 1974년에는 최고세율이 다시 75%로 높아졌는데, 이는 1970년대에 국가가 다양한 경제정책을 펼치면서 많은 자금이 필요했기 때문으로 보인다. 이후 경제정책이 성과가 나타나면서 1979년에는 세율을 67%로 낮출 수 있었다. 그리고 다양한 공제제도가 생기면서 상속세에 대한 부담은 더욱 낮아졌다.

1988년 상속세 최고세율은 55%로 처음으로 50%대에 진입했다. 1993년 금융실명제✿가 도입되면서 상속세의 최고

✿ 금융기관에서 금융 거래를 할 때 가명 혹은 무기명에 의한 거래를 금지하고 실명임을 확인한 후에만 금융거래가 이루어지도록 하는 제도.

세율은 1996년 45%로 낮춰졌다. 여기서 우리나라 상속세율이 높게 부과되어 온 이유가 분명해진다. 금융실명제가 도입 전까지 우리나라에서는 가명 거래, 무기명 거래 등이 관행적으로 이루어져 파악되지 않는 소득이 많았다. 많은 사람이 소득만큼 세금을 내지 않았고, 편법·불법적인 방법으로 재산을 숨기는 사람이 많아 상속이 어떻게 이루어지는지 명확하게 파악할 수 없었다. 그렇다 보니 우리나라에서는 파악된 것보다 더 큰 규모로 상속되었을 것을 전제하고 상속 금액에 대해 높은 세율을 부과해 온 것으로 보인다. 금융실명제가 도입되기 전에는 높은 상속세율에도 불구하고 상속세가 전체 세금에서 차지하는 비율이 평균 0.5~0.6%에 그쳤지만, 경제 규모도 커지고 상속세율도 상대적으로 낮아진 2021년에는 상속세가 전체 세금에서 4.4%를 차지하고 있다. 이러한 사실은 과거에 상속세가 제대로 징수되지 못했다는 것을 보여준다.

상속세가 낮은 다른 나라는 어떨까? 미국 연방정부의 경우 2023년 기준으로 부채를 제외하고 개인은 1,292만 달러(약 166억 5,000만 원), 부부는 2,384만 달러(약 307억 원) 이상의 자산을 물려주면 유산세estate tax를 내야 하고, 상속인이 내는 상속세는 연방정부 수준에서는 없다(미국 6개 주에서는 상속세를 부과하고 세금은 재산 가치에 따라 1~18%가 부과된다).

위 내용만 보면 우리나라는 미국에 비해 상속세를 과도하게 부과하는 것 같다. 그런데 여기에서 눈여겨볼 조사가 있다. 미국의 민간 조사기관인 'Giving USA'의 2019년 조사 결과, 미국인이 기부한 총금액은 2018년 약 4,277억 달러(약 551조 3,181억 원)에 이르렀고, 미국의 자산가 상위 25인이 기부한 금액은 2022년 270억 달러(약 33조 2,370억 원)를 기록했다. 미국에서는 부의 재분배가 개인 수준에서 활발하게 이루어진다는 것을 보여준다. 미국에서 유산세와 상속세를 부과 기준은 높고 세율은 상대적으로 낮게 유지하는 것은 이처럼 개인의 영역에서 상당한 부의 재분배가 이루어지기 때문이다.

그렇다면 우리나라는 어떨까? 아름다운재단 기부문화연구소에서 발행하는 '기빙 코리아 2022'에서 인용한 국세청 통계에 따르면 2020년 기준 우리나라의 기부 총액은 14조 4,000억 원을 기록했고 이중 개인 기부 금액은 약 9조 2,000억 원으로 전체의 63%, 법인 기부금은 약 5조 1,500억 원으로 전체의 36%를 기록했다. 미국 인구가 우리나라의 약 6배, 미국의 명목 GDPGross domestic product(국내총생산)가 우리나라의 약 13배인 점을 감안해도 미국 기부금 총액이 우리나라

의 약 38배에 이르는 것은 개인의 영역에서 이루어지는 부의 재분배의 차이가 얼마나 큰지 잘 보여준다.

상속세의 폐지 또는 세율을 낮춰야 한다는 근거로 세금을 줄여야 기업이나 개인의 투자가 이루어질 수 있다는 의견도 있는데 세금이 줄어든다고 투자가 늘지 않는다는 사실은 이미 수많은 사례를 통해 입증되었다. 우리나라 정부는 2008년에 법인세 최고세율을 25%에서 22%로 인하했지만 기업들은 투자도, 고용도 늘리지 않았다. 세율의 변화가 투자에 미치는 영향이 없다는 것은 1930년대 경제 대공황 시기에도 입증되었다. 당시 미국은 기준금리를 4%대 중반에서 1%까지 인하했으나 기업들은 투자를 늘리지 않았다.

개인과 기업은 비용 부담이 감소했다고 해서 투자를 결정하는 것이 아니라 여러 조건과 상황을 종합적으로 고려하여 수익이 기대될 때 투자를 한다. 그렇기 때문에 상속세의 폐지나 세율의 인하만으로는 기업과 개인의 투자를 이끌어 낼 수 없다.

세금의 목적

모든 인간에겐 공평하게 하루에 24시간이 주어지고, 순수하게 개인의 노동만으로 생산할 수 있는 경제적 가치에는 한계가 있다. 따라서 우리가 일정 수준 이상의 경제적 가치를 생산했다면 그중에는 국가가 마련해 둔 사회기반시설과 정책을 통해 창출한 경제적 가치가 있을 수밖에 없다. 소득이 많아질수록 세율도 높아질 수밖에 없는 것도 그 때문이다. 반대로 소득이 적은 사람에겐 세율을 낮게 적용하거나 세금을 부과하지 않는다. 이는 보호의 목적도 있는데 국가에서는 생존에 필요한 최소한의 비용을 최저생계비로 정해 세금을 부과하지 않거나 세율을 낮게 책정한다.

여기에 더해 세금은 세수의 목적보다 특정 행위를 못 하게 하기 위해 정하기도 한다. 그 대표적인 예가 술에 부과되는 '주세'인데, 음주에 대한 부담을 높여 절제와 절약을 하고자 부과했다. 수도요금과 전기요금 등에 대한 누진세 또한 한정된 자원을 함부로 사용하지 못하도록 마련된 세목이다.

우리가 세금을 내고 싶지 않은 마음이 생기는 것은 물질에 대한 욕구와 욕망의 영향이기도 하지만, 역사 속에서 세금은 대부분 '아무 일도 하지 않는 지배층이 뜯어가는 것'이

었기 때문이다. 오죽하면 가장 오래된 법전인 「우르남무 법전」이 쓰인 수메르 문명의 격언 중에 "신도 있고 왕도 있지만 더 무서운 건 세금 징수관이다."라는 말이 있을까?

　우리는 역사상 그 어느 때보다 국가의 기능과 역할이 다양하고 큰 시대에 살고 있다. 그렇다면 우리는 그 기능과 역할에 맞는 비용을 지불하는 게 맞을 것이다. 그래도 우리는 절세를 위한 노력을 멈추지 않겠지만.

자본주의 세상에서 먹고 살기

2

기업의 존재 이유

통계청 자료에 의하면 2022년 8월 기준 우리나라 임금 근로자는 전체 경제활동 인구의 76.5%이다. 경제활동을 하는 사람 4명 중 3명은 회사원이라는 의미이다. 한 걸음 더 나아가 기업과 계약을 체결하고 일하는 비임금 근로자까지 포함한다면 경제활동 인구의 90% 이상이 어떤 형태로든 기업이나 기업과 같은 조직을 통해 경제활동을 하고 있다.

예를 들면 나와 같은 프리랜서는 홀로 돈을 버는 것으로 보이겠지만 기업, 기관 또는 정부와 계약해서 일을 하고 돈을 번다. 나는 2019년에 박사학위를 받은 후 드라마 제작사와 계약해서 보조작가로 일을 했고 동시에 서울대학교 법학연구소 객원 연구원으로 정부에서 발주하는 연구 용역 과제에 참여했다. 또 잠시 몸담았던 마케팅 대행사에서 외주

를 받아 글을 쓰거나 유튜브에 출연하기도 했다. 어쨌든 프리랜서라 하더라도 기업, 기관, 국가 없이 일을 할 수 없다.

효율을 높이는 분업화

기업은 왜 경제 영역에서 압도적인 존재가 되었을까? 효율성 때문이다. 산업혁명은 기술의 발전과 함께 분업화를 통해 이루어졌다. 한 가지 일을 반복하여 숙련도를 높인 사람이 제품을 생산하면 보다 효율적으로 생산을 늘릴 수 있다. 이런 분업의 효과에 대해 처음 설명한 사람이 경제학의 아버지라고 불리는 애덤 스미스이다. 그는 《국부론》(1776)에서 핀을 만드는 공장을 예로 들어 1명이 기계의 힘을 빌리지 않고 핀을 만들면 하루에 한 개를 만들 수 있지만 그 공정을 18개의 작업으로 나누어 10명이 분업하면 하루 총 4만 8,000개의 핀을 생산할 수 있고 이는 곧 한 사람이 4,800개의 핀을 만들 수 있다는 설명을 통해 분업의 효용성을 강조했다.

분업화의 가장 큰 장점은 비용을 낮출 수 있다는 것이다. 10명을 고용해서 각자 핀을 생산하도록 하면 하루에 생산되는 핀은 10개에 불과하겠지만 10명이 분업하여 4만 8,000개를 생산하면 4,800배의 큰 효율을 달성하게 되는 것이 아닌가? 만약 핀 공장 사장이 투입된 비용이 적은 만큼 핀의 가격도 조금 낮춘다면 기존 가격대에서는 핀을 사지 못했던 사람들도 핀을 살 수 있게 될 것이고, 그렇게 되면 그만큼 그 사람들의 삶의 질도 나아질 것이다.

분업화된 대량 생산 체계에서는 인건비 외에 다른 생산 비용도 낮춰서 효율을 더 높일 수 있다. 다시 핀 공장으로 돌아가서, 10명의 직원이 4만 8,000개의 핀을 생산하고 인건비는 낮추었지만 핀의 생산량이 늘어서 재료비는 4,800배 증가했다. 이때 핀 공장 사장은 재료비를 낮추고 최대한 많은 핀을 생산하고 싶을 것이다. 핀 공장 사장이 1만 개에서 1만 5,000개로 시장 규모를 늘리겠다며 재료상에게 기존의 개당 200원이었던 재료비를 170원으로 해달라면 재료상은 이를 받아들일까?

재료상의 입장에서는 200원에 1만 개를 파는 것보다 170원에 1만 5,000개를 파는 게 수익이 증가한다. 따라서 제안을 수락할 가능성이 높다. 대량 생산 체계는 이렇듯 많이 생산하면 할수록 인건비뿐만 아니라 재료비도 낮출 수 있다.

'규모의 경제'와 주식회사의 탄생

핀 공장 사례로 간략하게 설명했듯이 분업은 이처럼 상당한 차이를 만들어 낸다. 그런데 현실은 핀 공장보다 훨씬 복잡하다. 핀을 만들었다고 해도 어디에서, 얼마에, 누구에게, 어떻게 팔고 어떤 방식으로 홍보해야 할지를 결정해야 하고, 포장해서 배송까지 해야 한다. 이 모든 것을 한 사람이 할 수 있을까?

현실적으로 한 사람이 혼자서 일정 수준 이상의 경제적 가치를 생산하고 많은 돈을 버는 것은 불가능하다. 이 모든 것을 다 잘 해내는 사람도 찾기 어렵다. 우리에겐 하루 24시간이 주어지고 상품이 생산되어 판매에 이르는 과정 중 필요한 능력 한 가지만을 잘 해내기에도 쉽지 않은 것이 현실이다.

여기에 더해서 핀 공장 사장이 공장을 지어서 사업을 시작해야 하는 상황이라면 초기 투자 비용이 상당한 수준으로 필요하다. 설사 자본이 있어도 핀을 얼마나 팔 수 있을지 예상할 수 없으니 핀 공장 사장은 자신이 가진 돈을 모두 투자하기에도 부담스러울 것이다. 이처럼 상품을 판매하기 위해서는 다양한 능력은 물론이고 돈(자본금)까지 필요하기 때문에 한 사람이 혼자 하는 것은 불가능하고, 그로 인해 발생하는 리스크도 매우 크다고 할 수 있다.

애덤 스미스의 핀 공장 예시에서 알 수 있듯이 일정 수준 이상의 경제적 가치를 생산하려면 여러 사람이 함께 일해야 한다. 그렇다 보니 사람들은 '규모의 경제'✽를 만들어 내기 위해 다른 사람들과 손을 잡고 사업을 하기 시작했다. 그렇게 되면 돈이 있는 사람들은 공장을 설립하는 데 필요한 돈을 투자하고 제작 기술이 있는 사람은 생산을, 마케팅과 홍보에 재능이 있는 사람은 판매를 담당하며 분업을 할 수 있다. 이러한 시스템이 갖춰지면 투자자는 자본을 투자하는 대신 다른 일을 할 수 있고, 제작을 담당한 이는 돈에 대한 부담 없이 사업을 시작하여 동업자들과 위험을 나누어서 질 수 있다는 장점이 있다.

우리가 주위에서 흔하게 접할 수 있는 '주식회사'는 이러한 필요에 의해서 만들어졌다. 세계 최초의 주식회사는 1602년에 설립된 네덜란드의 '동인도 회사'다. 물론 이 회사가 설립되기 전에도 상인들은 돈을 모아서 회사를 설립하고 수익을 투자한 비율대로 나누었다. 그러나 네덜란드 동

✽ 규모의 경제란 생산량이 늘어남에 따라 평균 비용이 줄어드는 현상을 말한다.

인도 회사는 최초로 종이 증서(주식)를 발행하여 많은 돈이
아니어도 투자할 수 있게 만들었다. 투자 금액에 대한 부담
이 없으니 귀족부터 상인, 하녀 등 다양하고 많은 사람이 동
인도 회사에 투자했고 투자 금액에 비례하여 수익을 나누고
또 위험도 그만큼 나누어질 수 있었다. 동인도 회사의 주식
을 사려는 사람이 항상 있다 보니 동인도 회사는 100년 넘
게 세계에서 가장 큰 회사의 지위를 유지했다.

기업의 존재 이유

기업이 개인에게 주는 가장 큰 효용은 '임금'이다. 혼자
서는 경제적 가치를 창출하지 못하지만 조직에서 일하면서
경제적 가치를 생산하고 돈을 벌 수 있다. 이것이 사회적 관
점에서 기업의 가장 큰 존재 이유이며, 기업의 가장 큰 사회
적 기능과 기여는 일자리를 창출하는 것이다. 국가의 입장
에서는 사람들이 일해서 돈을 벌어야 시장이 돌아가고 세금
도 징수될 수 있다 보니 기업이 일자리를 창출할 수 있는 환
경을 조성하기 위한 법제도와 정책을 만들게 된다. 그중 대
표적인 예가 기업의 비용을 줄여줄 수 있는 법인세 인하 등

의 세제 혜택이다.

우리나라에서는 창업 활성화를 위해 「중소기업진흥에 관한 법률」, 「중소기업창업 지원법」, 「벤처기업육성에 관한 특별조치법」, 「1인 창조기업 육성에 관한 법률」, 「소상공인 보호 및 지원에 관한 법률」, 「여성기업지원에 관한 법률」 등 다양한 법률을 마련하고 있다.

기업이 우리 사회에 항상 유익만 주는 것은 아니다. 인간은 자기중심적이라는 사실을 떠올려 보자. 자기중심적인 인간이 모인 국가가 자국의 이익이 최우선으로 한다면 기업도 마찬가지일 것이다. 심지어 기업은 이윤 창출이 존재 이유다. 그리고 사람들이 기업에 투자하는 이유도 돈을 벌기 위해서이다. 당신이 만약 어느 기업에 투자했다면 무엇을 기대하겠는가? 이윤이 좋은 사업을 기대할 것이다. 이윤 극대화의 원리는 간단하다. 비용을 줄이고 매출을 늘리면 된다. 그리고 비용을 줄이는 간단한 방법 중 하나는 인건비를 줄이는 것이다.

그래서 기업들은 최소한의 인원을 고용하고 최대한 임금을 낮추기 위해 노력한다. 산업혁명 초기 영국에서 임금이 낮은 아이들을 고용한 것은 이러한 이윤 창출의 기본적인 원리에 따른 것이었다. 문제는 인건비를 낮추면 구매력

을 갖춘 사람이 점차 없어져 장기적으로 공멸의 길로 향할 수밖에 없다는 것이다. 그리고 최소한의 인원만 채용할 경우, 과다한 업무량으로 노동착취가 되고 이런 흐름이 사회 전체에 지속되면 어느 순간 기업은 고용할 사람을 찾을 수 없게 될지도 모른다.

규제받는 기업들

기업이 고려해야 할 요소가 하나 더 있다. 바로 '환경'이다. 화학제품을 만드는 과정에서 오·폐수, 농축산업의 오수와 분뇨 등 환경을 파괴하는 물질이 나올 수밖에 없다. 이런 물질을 정화하는 데도 비용이 들어서 환경을 파괴할 수 있는 물질을 그대로 배출하는 기업도 있다.

단순히 환경 파괴의 문제만은 아니다. 환경이 파괴되어 질병에 걸릴 수도, 심각하게는 사망에 이를 수 있는 상황이 지속된다면 기업에서 일할 사람도, 기업이 생산한 재화를 소비할 시장도 사라질 것이다. 그런데도 환경에 미치는 정도가 미미하다고 여전히 환경을 오염 및 파괴하는 결정을 하는 기업이 적지 않다.

모든 기업이 '나 하나쯤이야'라고 이윤 창출만을 향해 달려간다면 그 사회와 국가는 노동력을 착취하고 환경을 파괴하는 기업들로 가득 차게 될 것이다. 그래서 당장 눈앞의 이익을 우선시하고 자기중심적인 인간의 특성상 자본가와 사업가들이 그런 결정을 하지 못하게 국가는 다양한 규제를 통해 기업을 통제하고 있다.

'최저 임금'과 '법정근로시간'은 기업이 국가와 사회에 피해를 줄 수 있는 주는 결정과 행위를 하지 못하도록 법률로 제정하여 규제하는 것이다. 우리나라에는 국민 경제 발전과 환경의 보전, 균형 있는 지역발전을 위한 「산업집적활성화 및 공장설립에 관한 법률」, 「산업입지 및 개발에 관한 법률」, 「공유재산 및 물품 관리법」, 「산지관리법」 등이 제정되어 있다.

모든 기업은 사회적이다

사회 문제를 해결하거나 이윤 창출을 목적으로 하지 않는 '사회적 기업'도 등장했다. 그리고 사회적 기업이 활동하는 경제 영역을 '사회적 경제'라고 부른다. OECD는 사회적

경제를 "국가와 시장 사이에 존재하는 조직으로 사회적 가치를 동시에 추구하는 것"이라고 정의하고 있으며, 우리나라에서도 2007년 「사회적 기업 육성법」이 제정되었고, '재무적 가치와 사회적 가치를 동시에 고려하는 투자'를 의미하는 '임팩트 투자'가 큰 관심을 받기도 했다.

2019년에 미국 〈포브스〉 지가 선정한 혁신적이고 영향력 있는 5대 사회적 기업으로 '함께 나누기 운동Me to We', '아쇼카Ashoka', '그라민은행Grameen Bank', '바반 고나Babban Gona', '굿윌Goodwill'이 있는데, 그라민은행의 경우 창업자인 무함마드 유누스가 2006년에 노벨 평화상을 받아 알려졌지만 나머지 기업은 우리에게 상대적으로 생소한 편이다. 그도 그럴 것이 이들 기업의 매출, 수익, 규모가 매우 협소하기 때문이다. 몇몇 연구에 따르면 이들 기업은 시간이 지날수록 수익성이 악화되고 있으며, 사회적 가치를 창출한 성과도 명확하지 않다고 밝히고 있다.

사회적 기업은 태생적으로 이러한 한계를 가질 수밖에 없다. 물론 사회적 기업이 추구하는 '가치'는 인간의 선한 면에서 비롯되고 사회적 경제가 큰 관심을 받은 것도 그것이 가능함을 보여준다. 하지만 지금까지 인류는 생존과 직접적인 관련이 있는 인간의 자기중심성이 변화를 이끌어왔다. 게다가 자본주의 체제에서는 빈부 격차가 벌어지면서 부자보다 가난한 이들이 더 많아지고 그들은 자신의 생존을 위해서라도 자기중심적일 수밖에 없다.

나는 '사회적 기업'이라는 표현을 그다지 좋아하지 않는다. 그 표현은 마치 기업이 사회적이지 않아도 된다는 식으로 들리기 때문이다. 자본주의 체제에서는 기업을 법인(法人), 즉 법적으로는 사람으로 간주한다. 그러므로 모든 사람이 평등한 것처럼 기업도 다른 기업, 다른 사람과 평등하다. 또한 사람이 그러한 것처럼 법인도 다른 이에게 피해를 주지 않도록 법률 등을 통해 규제받고 있다. 그러한 관점에서 모든 기업은 '사회적'이다.

기업의 이윤 창출과 ESG

최근 ESG✤라는 개념이 강조되고 있어 그나마 다행이다. ESG는 미국 재계를 대표하는 비즈니스 라운드 테이블

✤ 환경 Environment, 사회 Social, 지배구조 Governance의 영문 첫 글자를 조합한 단어로 기업 경영에서 지속 가능성을 달성하기 위한 3가지 핵심 요소.

Business Roundtable, BRT에서 2019년 8월 '이해관계자의 번영'을 기업의 목적으로 바꾸는 성명을 발표하고, 세계 최대 자산 운용사 블랙록Blackrock의 CEO 래리 핑크가 2020년 1월 투자자들과 기업 CEO들에게 보낸 서한에서 투자 결정의 기준으로 '지속 가능성'을 고려하겠다고 밝히는 등 일련의 사건을 통해 관심을 받기 시작했다.

이러한 흐름은 한국에서도 이어지고 있다. 하지만 한국 ESG기준원KCGS에서 평가한 2022년 기준, 우리나라 772개 기업 중 ESG 등급의 총 7개 등급 중 최고 등급인 S등급을 받은 기업이 하나도 없고, A+ 등급을 받은 기업은 5개에 불과했다. 우리나라 기업들은 여전히 기업경영에 있어서 이윤 추구 외에 다른 가치들은 고려하지 않는 것으로 보인다.

물론 기업의 가장 큰 목표는 이윤 창출의 극대화이다. 이는 이윤을 창출하는 과정에서 사람들이 나눌 수 있는 파이가 커질 수 있고, 양질의 파이가 커질수록 양질의 일자리도 많이 생길 것이기 때문이다. 다만 그러한 이윤 창출은 지속 가능해야 의미가 있다는 사실은 기업도 기억할 필요가 있다. 법률의 내용을 준수하는 것도, ESG 가치도 그러한 맥락에서 이해되고 반영되어야 한다.

자본주의와 광고

　이윤 창출을 위해서 기업은 제품이나 서비스를 '많이' 팔아야 한다. 그러려면 제품과 서비스의 품질이 중요하다. 제품과 서비스의 품질은 사람들이 지갑을 열기에 충분한 요소를 갖추고 있어야 한다.

　그렇다고 제품과 서비스가 꼭 좋아야만 하는 것은 아니다. 제품의 품질이 좋지 않아도 가성비가 좋다면 사람들은 지갑을 연다. 따라서 어떤 구매력과 특성을 가진 사람이 구매할지를 예상하고 돈을 지불하려는 마음을 끌어낼 만한 요소를 고려해서 제품과 서비스를 만들어야 한다. 가령 구매력이 낮은 사람들에게 판매하려는 제품과 서비스는 적은 돈을 들여서 만들어야 이윤을 극대화할 수 있을 것이다. 즉 모든 제품과 서비스를 최선을 다해 최고의 것으로 만들어야만

하는 것은 아니다.

이윤은 높게 비용은 적게

그러다 보니 기업은 구매자의 건강이나 환경을 고려하지 않은 제품을 만들기도 한다. 그 대표적인 예가 1990년대에 문방구에서 판매하던 장난감과 소위 '불량식품'이라고 부르는 것들이다. 당시에 기업들은 주머니가 가벼운 초등학생을 겨냥하여 저렴하게 만들어야 했으니 건강에 유해한 재료를 사용해서라도 재료비를 줄여서 제품들을 만들었다. 1990년대에 초등학교를 다닌 사람이라면 한 번쯤은 씹어 봤을 '칼라 풍선'은 진득한 액체를 막대기 끝에 뭉쳐놓고 입으로 불면 풍선이 만들어졌는데, 환각 성분인 톨루엔과 발암물질인 벤젠이 들어있었다. 오로지 이윤만을 생각하며 제품을 만든 것이다.

국가는 어린이들의 건강을 보호하기 위해 놀이터, 장난감, 문구용품 등에 대한 규제를 담은 법률을 제정했는데, 2009년 「환경보건법」 제23조와 제24조가 마련됐고 그 내용은 지금까지 수정·보완되며 유지되고 있다. 어린이들에게

'불량식품'을 판매하지 못하도록 하는 내용은 「식품위생법」, 「어린이 식생활 안전관리 특별법」, 「아동복지법」에서 정하고 있다.

국가에서 아무리 규제하고 통제해도 기업이 걸리지만 않으면 된다는 생각으로 비용을 최소화하여 개인과 사회에 유해한 제품과 서비스를 제공할 수도 있다. 「이자제한법」 제2조에서 최고이자율을 연 25%로 제한하고 있는데도 이를 초과하는 금리로 돈을 빌려주는 업체들이 완전히 사라지지 않고 있고, 「윤락행위등방지법」을 통해 윤락행위를 금지하고 있는데도 각종 음란·퇴폐 업소들이 곳곳에 숨어서 사업을 계속하는 이유는 결국 돈이 되기 때문이다. 이처럼 극단적인 경우가 아니더라도 기업들은 이윤을 극대화하기 위해 어떻게든 비용을 낮추려는 유인을 항상 갖고 있다.

기업의 정보와 신뢰가 광고에 담긴다

이러한 환경에서는 신뢰할 만한 제품이나 서비스를 구매하기가 쉽지 않다. 이에 기업들은 제품을 신뢰할 수 있다는 의미로 '상표'를 만들어 사용하기 시작했다. 예를 들어

Coca-Cola와 Levis는 1886년, Twinings Tea는 1887년에 상표가 만들어졌는데 미국의 상표법(Trademark Law)이 1870년에 제정된 것에서 알 수 있듯이 19세기 말 이미 다양한 상표가 생겨나고 있었다.

상표가 활발하게 만들어지기 시작한 19세기 기업의 광고는 주로 기업이 판매하는 제품과 서비스를 중심으로 이루어졌다. 코카콜라는 20세기 초까지 '피로를 가시게 한다Relieves Exhaustion'라거나 '맛있고 상쾌하고 기분이 좋아지고 활력을 준다Delicious, Refreshing, Exhilarating, Invigorating'는 표현을 주로 광고에 담았다. 코카콜라가 피로를 가시게 한다는 내용을 강조한 까닭은 코카콜라를 처음 개발한 존 펨버턴이 약사였고, 처음에는 코카콜라를 자양강장제로 만들었기 때문이다. 이처럼 19세기에는 광고는 '신뢰'를 주기 위해, 광고는 '정보'를 전달하기 위해 만들어졌다.

최근에는 '상표'보다는 '브랜드'라는 표현이 더 많이 보인다. 기업이 브랜드를 만드는 궁극적인 이유는 기업의 신뢰를 높여 더 많은 제품이나 서비스를 판매하기 위함이다. 경쟁이 치열해지고 규모가 커지면서 기업은 제품과는 별개로 브랜드 자체에 대한 신뢰를 높이기 위한 활동을 시작했고, 그러한 활동은 '홍보'라는 영역으로 분리가 되었다.

홍보와 마케팅의 차이

사람들은 '홍보'와 '마케팅'을 혼용하지만 둘은 그 목표가 분명히 다르다. 홍보와 마케팅은 '제품 판매와의 관련성'에서 차이가 있다. 홍보는 영어로 Public Relations이며 대중Public과의 관계를 담당한다, 곧 기업과 대중 간의 관계를 우호적으로 만들고 대중의 신뢰를 얻는 데 필요한 활동을 의미하는 것이다. 홍보는 기업이 제품과 서비스 판매와 간접적으로 관련 있지만 주된 목표는 아니다.

이와 달리 마케팅marketing은 '시장market'에서 물건을 판매하는 데 필요한 활동을 의미한다. 마케팅과 홍보를 혼동하는 것은 마케팅 안에 홍보가 포함되어 있기 때문이다. 마케팅에서의 홍보는 '브랜드'에 대한 대중의 신뢰와 긍정적인 이미지를 형성하는 것을 목표로 한다. 이와 같은 브랜드 자체에 대한 신뢰와 긍정적인 이미지를 형성하기 위한 활동은 '브랜드 커뮤니케이션'이라고 부르는데, 이는 기업과는 별도로 브랜드 자체의 신뢰를 형성하기 위한 활동이다. 대중의 관점에서 봤을 때 이러한 활동은 기업의 홍보와 크게 다르게 느껴지지 않다 보니 홍보와 마케팅을 같은 것으로 인식하곤 한다.

현대자동차를 예로 들어 보자. 광고 중에 "더 나은 미래를 향한 동행"과 같은 추상적인 문구가 담겼거나 현대자동차의 우수한 기술력을 강조하는 광고는 현대자동차의 기업 이미지를 긍정적으로 만들기 위한 '홍보' 활동의 일환이다. 이와 달리 현대자동차의 브랜드인 제네시스에 대하여 사용되는 "절제된 우아함UNDERSTATED ELEGANCE", "더 높은 고도에서의 태도ATTITUDE AT A HIGHER ALTITUDE"와 같은 표현은 현대자동차가 아니라 현대자동차의 럭셔리 브랜드인 제네시스에 대한 신뢰와 이미지를 형성하는 것을 목표로 한다. 제품의 가격대를 결정하고 어떤 성향의 소비자에게 판매할지 설정하여 그에 대한 실행방안을 도출하는 것이 조금 더 전형적인 '마케팅'이다.

소비자에게 신뢰를 주기 위한 기업의 활동

홍보와 마케팅이 기업에 필요한 이유는 '홍보'하지 않으면 기업에 대한 신뢰와 긍정적인 이미지를 형성하기가 힘들고, '마케팅'하지 않으면 제품과 서비스를 신뢰하기 힘들어졌기 때문이다.

오늘날의 시장에서는 제품과 서비스에 대한 정보가 없는 상태에서 '기술력을 믿어달라'라거나 '좋은 제품'이라고 주장한들 제품이 팔리지 않는다. 과거 얼마나 많은 기업이 이윤을 위해 유해한 물질을 사용해 왔나? 기업은 시장에서 효율적으로 제품과 서비스 그리고 기업에 대한 신뢰를 형성하기 위한 활동을 할 필요가 있다. 탁월한 제품이라 해도 소비자는 생산자와 제품을 신뢰할 수 있는 근거가 필요하다. 사람들은 신뢰가 없는 상황에서 지갑을 열지 않는다.

그런데도 적극적인 홍보와 마케팅을 비판하는 의견이 우리 사회에서 자주 들린다. 이는 적지 않은 기업들이 허위 정보나 과대포장을 해온 역사가 있고, 지금도 그러하기 때문이다. 바르기만 해도 살이 빠진다거나 일반식품에 '총명탕'이나 '경옥고'와 같은 명칭을 붙이는 식의 마케팅은 여전히 기승을 부리고 있으며, 수입 원료를 사용하면서도 국내산으로 표시하는 사례도 발견된다. 이러한 사례들이 계속해서 발생하는 것은 소비자들은 물론이고 다른 정직한 기업에도 부정적인 영향을 미칠 수 있다 보니 국가에서는 「식품 등의 표시·광고에 관한 법률」과 「표시·광고의 공정화에 관한 법률」을 제정하여 기업들의 허위, 과대 과장 광고에 대해 규제하고 있다. 하지만 그러한 노력도 그러한 문화를 완전히 뿌

리 뽑지는 못하고 있다.

우리에게도 필요한 기업의 광고

홍보와 마케팅 비용은 '쓸데없는 비용'이 아니라 신뢰를 형성하고 제품과 서비스를 판매할 수 있는 환경을 조성하는 데 필요하다. 그렇기 때문에 '자본주의의 꽃'이라고 불리는 광고는 허위 정보를 제공하거나 과대광고만 하지 않는다면 기업의 이윤 극대화를 위한 활동으로 당연하고 자연스러운 일이다.

사실 비용을 줄이는 것을 가장 큰 목적으로 설정한다면 기업은 홍보와 마케팅을 최소화해야 한다. 이는 홍보와 마케팅에는 상당한 비용이 필요하지만 비용의 효과는 측정하기 힘들기 때문이다. 그나마 기술이 발달하여 디지털 광고에 대해서는 효과를 세밀하게 측정할 수 있지만 홍보의 경우 그 효과를 측정할 객관적인 지표가 여전히 존재하지 않는다. 그런데도 많은 기업이 예산과 비용을 책정해 홍보를 전담하는 인력과 부서를 배치하는 까닭은 장기적으로 홍보가 도움이 된다고 판단하기 때문이다.

광고는 사실 제품과 서비스에 대한 정보를 알려주는 기능과 역할을 넘어서 우리에게 많은 혜택을 주고 있다. 광고 없는 세상에서 산다고 상상해 보자. 광고가 없다면 당신이 사용하는 다양한 SNS 서비스는 물론이고 상당수 휴대폰 게임과 앱들도 개발될 수 없었을 것이다. 휴대폰 앱들의 주된 수입원이 광고이기 때문이다.

적은 비용으로 더 널리 광고하는 방법

물론 SNS에서 급격하게 늘어나는 광고는 우리를 귀찮게 만든다. 하지만 SNS는 적은 비용으로 많은 사람에게 상품을 알리고 팔 기회를 준다. SNS 없이 당신이 카페를 운영한다고 생각해 보자. 어떻게 알릴 것인가? SNS가 없던 시절 개인은 홍보·마케팅·광고 수단이 변변치 않았다. 신문이나 잡지, 방송 등의 미디어 광고, 혹은 거리에서 나눠주는 전단지 정도를 활용할 수 있었으나 신문과 방송 광고는 비용이 많이 들고 전단지는 신뢰를 얻기가 힘들 뿐 아니라 사업장 근거리에서나 효과가 있을 뿐이었다.

하지만 SNS는 적은 비용으로 효율을 높여서 광고를 집행

할 수 있게 해준다. SNS에서 광고와 마케팅을 잘하면 제주도 작은 마을에서 베이커리를 열어도 한 달 만에 손님들이 줄을 설 수도 있고, 작은 시골 마을 카페라고 해도 여행 온 사람들이 몰려올 수 있다.

SNS의 병폐가 없는 것은 아니다. 제품과 서비스가 과대 포장을 넘어서 거짓 정보가 확산되고 사람들이 피해를 보기도 한다. 하지만 제품과 서비스의 품질은 신경 쓰지 않고 광고와 마케팅만 화려한 사업장은 성과가 반짝 나올 수는 있어도 지속될 수는 없다. 고객들이 쓴 부정적인 의견과 리뷰가 SNS로 공유되어 또 다른 형태의 광고가 되기 때문이다.

나는 프랑스산 밀가루를 수입하는 지인의 유튜브 채널을 2년 넘게 운영하면서 동네 빵집 운영자들을 많이 만났다. 그들 중 상당수가 '내가 빵을 잘 만들면 사람들은 알아줄 거야'라고 생각하는 듯한데 현실에서는 자신의 사업장을 알리기 위한 노력을 하지 않으면 아무도 알아주지 않는다. 아무리 좋은 재료로 빵을 만들고 맛이 있다고 해도 알리지 않으면 누구도 관심 두지 않는다. 고맙게 알아주는 고객이 있다고 해도 SNS와 인터넷에는 무수히 많은 경쟁자가 각자의 무기로 자기 제품을 알리고 있어서 당신 제품의 우수성이 절로 알려지는 일은 없다. 따라서 사업을 시작한 사람은 자신이 만드는 제품이나 서비스를 알리기 위한 광고와 마케팅을 적절한 수준으로 할 필요가 있다.

자본주의 사회에 사는 이상 기업의 광고를 포함한 홍보와 마케팅 활동은 사라질 수 없고, 마케팅과 홍보의 내용은 제품 구매 시 판단 기준이 될 정보를 제공한다. 그리고 사실 오늘날 우리 돈벌이의 상당 부분이 기업의 광고, 홍보와 마케팅 덕분이기도 하다. 당신의 통장에 꽂힌 돈 중 대부분이 기업의 광고, 홍보와 마케팅의 영향을 받아 지갑을 연 누군가의 계좌에서 당신이 근무하는 기업의 계좌로 흘러갔다가 당신 통장으로 들어온 것일 수도 있다.

투자의 이유

　기업의 홍보와 마케팅 비용은 기업이 하는 '투자'라고 할
수 있다. 제품과 서비스 등을 생산하는 고정 비용이 1억 원
이고 매출은 2억 원이라면 수익은 1억 원이다. 여기에 홍보
와 마케팅 비용으로 1억 원을 추가하면 매출이 5억 원이 된
다고 하자. 3억 원의 추가 수익을 더 벌 수 있는데 홍보와 마
케팅에 투자하지 않을 기업이 있을까? 대부분 기업이 이러
한 효과를 기대하며 홍보와 마케팅을 한다.

　산업화 시대를 거치면서 대량 생산이 가능해진 자본주의
사회에서는 이처럼 돈을 많이 벌기 위해 돈을 써야 하는 상
황이 생긴다. 산업화 초기에는 돈도 많고 사업 능력까지 갖
춘 사람이 거의 없었다. 그래서 사업으로 돈을 벌고 싶은 사
람들은 다른 사람의 투자를 받아 규모를 키워 사업을 하거

나 돈을 어디선가 빌려야 했다. 그러다 보니 사업하는 개인은 모든 책임을 부담해야 해서 리스크가 컸다. '주식회사'가 생긴 배경이다. 누군가가 회사의 주식을 갖고 있다는 것은 그 사람이 그 회사의 전체 투자금에서 투자한 비율만큼 그 회사를 소유하고 있다는 것을 의미한다. 그렇기 때문에 기업은 주기적으로 주식을 소유한 비율에 따라 주주에게 수익을 분배한다. 즉 주식의 본래 성격은 기업활동을 통해 발생한 이윤을 분배받는 것이었다.

주식회사의 배당 수익과 주식 가격변동 차익

17세기 초 네덜란드에 살고 있다고 생각해 보자. 앞서 언급한 세계 최초의 주식회사인 네덜란드 '동인도 회사'에 투자했을까? 수익에 대한 확신이 없어서 주식을 사지 않았는데 동인도 회사의 수익이 높아서 주주들이 배당금을 많이 받는다면 어떤 생각이 들까? 아마 당신은 웃돈을 더 주어서라도 주식을 사고 싶을 것이다. 가만히 있어도 주식을 소유하고 있다는 이유로 돈이 들어오니까 말이다. 주식을 소유한 사람도 목돈이 필요하다거나 자신의 투자금보다 높은 금

액으로 주식을 사겠다는 사람이 나타난다면 주식을 팔아 그 차익을 챙길 수 있을 것이다. 사람들은 계속해서 수익을 낼 거라고 기대한다면 더 높은 금액에, 반대로 그다지 수익이 나지 않을 것으로 예상된다면 보다 낮은 가격에 주식을 팔려고 할 것이다.

실제 네덜란드에 이러한 흐름이 생겼고, 1611년에는 세계 최초의 증권거래소인 '암스테르담 증권거래소'가 문을 열었다. 주식 가격(이하 주가) 변동은 사실 주식의 본질이 아니라 기업의 상황 변화로 인해 발생하는 부수적 효과이다. 그런데 기업이 공장을 짓거나 인력을 충원하는 등 비용이 많이 발생해 주주에게 이익을 배당하지 못하는 상황에서도 차익을 노리고 주식을 팔거나 사려는 사람은 있다 보니 어느 순간부터 주가가 금융거래의 큰 부분을 차지하게 되었다.

그렇다고 모든 나라에서 주식의 가격 변동이 주식으로 수익을 내는 거의 유일한 수단으로 여겨지는 것은 아니다. 우리나라에서는 주주에게 배당을 통해 수익을 분배하는 기업이 예외로 보이지만 미국에서는 무려 100년간 주주에게 수익을 배당해 온 기업이 15개에 이른다. 인텔은 2022년 매출액이 전년 대비 20%, 순이익은 60% 감소하여 주요 임원의 연봉을 삭감하고 수천 명의 직원을 감원했는데도 주주에게 배당금을 지급했다.

2015년 발표한 블룸버그 집계에 따르면 한국 기업들의 배당 성향✤은 17% 수준으로 집계 대상 51개국 중 50위, 배당수익률도 51개국 중 49위를 기록했다. 2021년 미국은 37.27%, 영국은 48.23%, 심지어 사회주의 국가인 중국도 35%의 배당 성향을 기록했지만, 한국은 19.14%로 우리나라 기업들은 여전히 배당에 인색하다.

우리나라 주식회사 발전에 국가가 있었다

왜 우리나라 기업은 주주들에게 배당을 잘하지 않게 된 것일까? 이는 우리나라의 자본주의가 아래로부터 자연스럽게 발전한 것이 아니라 위로부터 이식된 영향이 크기 때문으로 보인다. 영국과 미국을 포함한 대부분 국가의 주식회사들은 네덜란드의 동인도 회사처럼 개인과 기업의 투자를 받아서 시작되었다. 그렇다 보니 창업주라 해도 다른 투자자들에 비해 주식을 압도적으로 많이 소유할 수 없었고 그

✤ 배당 성향: 회사가 기록한 순이익에서 배당금의 비율을 의미한다.

에 따라 회사에 대한 중요한 의사 결정도 독단적으로 하기 쉽지 않았다. 이런 환경이다 보니 주주들에 대한 배당은 꾸준히 이루어질 수 있었다.

하지만 우리나라는 다르다. 영어로 'Chaebol'이라는 표현이 있을 정도로 재벌은 우리나라에만 존재하는 독특한 기업 형태다. 그리고 재벌의 탄생 배경에는 국가가 있었다. 이를 이해하려면 잠시 시간을 1960년대로 돌려야 한다.

한국전쟁으로 폐허가 된 우리나라에 1956년 대한증권거래소가 출범했을 때 기업에 투자할 수 있는 개인은 거의 없어서 기업의 주식 대부분을 정부가 보유하고 있었다. 전 세계에서 가장 가난한 나라였던 우리나라의 상황이 바뀌게 된 건 중화학공업을 육성하려고 정부가 적극적으로 투자를 시작한 1970년부터였다. 당시 정부는 1973년에 제정한 「국민투자기금법」을 통해 마련된 재원과 '정부 전입금' 등을 재원으로 하여 전체 자금의 61%를 중화학공업에 지원했고, 해외에서 들여온 자금도 대부분 중화학공업에 투자했다.

이처럼 국가 주도로 한 산업에 집중해서 투자하면 그 산업을 빨리 성장시킬 수 있다는 장점이 있지만 개인 투자 비율이 낮다 보니 해당 기업의 소유권이 실질적으로 기업 운영자에게 귀속되는 단점이 생겼다.

실제로 우리나라에서는 1960~1970년대까지 개인 투자자나 전문 투자자의 개념 자체가 존재하지 않았고 기업들은 폐쇄적인 경영체제를 유지하면서 주로 대출이나 외국자본을 통해 자금을 조달했다. 그 과정에서 우리나라 기업들은 정부의 적극적인 보호와 지원 아래 다양한 산업군의 계열사를 설립하여 기업집단 안에서 돈이 돌고 도는 구조를 만들었다. 그 결과 한 회사의 대주주가 모든 계열사의 주식을 갖지 않아도 실질적으로는 그룹 계열사를 지배할 수 있는 지배구조가 내부에서 만들어졌다.

이와 같은 기업 지배구조를 개선하여 대주주가 배당을 많이 할 유인을 만들기 위한 「상법」 개정안들이 발의되고 통과됐지만 우리나라 기업들은 큰 변화를 보이지 않았다. 이는 기업을 상장시킨 후에는 주주에게 수익을 배당하는 것보다 다른 방법으로 자금을 돌리는 것이 기업을 소유한 사람들의 이익에 더 부합했기 때문이다. 기업 대주주 입장에서는 수익을 나누어 주주들과 배당금을 나누면 배당금 중 상당 부분을 세금을 내야 하지만, 본인의 연봉을 높이면 다른 주주들에게 흘러가는 돈 없이 돈을 벌고 또 회사는 유보금을 확보하여 다양한 방식으로 기업을 운영할 수 있으니 실질적으로는 본인의 돈처럼 사용할 수 있게 되어 유리하다. 더군다

나 대주주 본인의 주식을 경영권 프리미엄을 붙여 시장가격보다 높게 다른 투자자에게 팔 수도 있다면 당신은 어떤 선택을 하겠는가?

상황이 이렇다 보니 우리나라에서 주식 투자는 배당금을 받기보다 주가 변동에 기대어 돈을 벌기를 기대하는 수밖에 없다. 그런데 이와 같은 방식으로 수익을 내려면 장기적인 관점에서 투자해야 한다. '단기 투자'는 기업의 실제 가치보다 정보가 부족한 개인들이 시시때때로 사고파는 심리의 영향을 받을 수밖에 없기 때문이다. 최근 주가조작 사건과 관련한 기업들의 주가가 지속해서 우상향을 그렸던 것이 조작의 결과였다는 사실에서 알 수 있듯이 주식을 자유롭게 사고파는 시장에서는 기업의 가치가 명확하게 주가에 반영될 수가 없다.

자본주의 사회에서는 국가나 기업이 망하지 않는 이상 경제는 계속 성장하게 되어 있고 그 안에서 살아남는 기업들도 성장하고 주가도 올라간다. 따라서 주가 상승으로 돈을 벌고 싶다면 신뢰할 수 있는 기업의 주식을 오래 보유하는 것이 가장 좋다고 알려져 있다. 워런 버핏이 괜히 10년을 소유할 주식이 아니라면 10분도 갖고 있지 말라고 한 것이 아니다.

자본주의 사회에서 주식 투자는 어떻게?

자본주의 체제에서 '투자'를 해야 하는 가장 큰 이유는 다른 사람이 만든 경제적 가치가 투자를 통해 내 주머니로 들어올 수 있기 때문이다. 투자를 해야 다른 사람이 만들어 낸 경제적 가치 중 일부가 내 주머니로 들어와 나의 노동시간 대비 수익률이 높아진다. 이 원리는 산업화 초기부터 지금까지 유지된 자본주의 경제 체제 불변의 진리다.

산업화 시대의 자본가를 생각해 보자. 그들은 돈을 투자해서 공장과 기업을 세우고 사람들을 고용했다. 그리고 노동자에게 정해진 비용을 지불하고 나머지 수익은 본인이 가져갔다. 그 돈은 누가 번 것인가? 그가 고용한 사람들이 일해서 번 돈이다. 이 구조에서 자본가가 노동자보다 더 많은 돈을 버는 이유는 여러 노동자가 일해서 번 돈이 자본가의 주머니로 들어오기 때문이다.

이 원리는 주식회사에도 그대로 적용된다. 배당을 많이 하는 기업을 생각해 보자. 배당은 기업이 낸 수익에서 이루어진다. 그 수익은 직원이 열심히 일을 해서 번 돈이다. 주주들은 그 돈을 자신이 소유한 주식의 비율에 따라 나누어 갖는데, 사실 이는 다른 사람이 일해서 번 돈을 주식을 소유했

다는 이유로 배당받는 것이다. 배당하지 않는 기업도 크게 다르지 않다. 직원들은 열심히 일을 해서 기업의 가치를 높이지만 그 가치로 발생한 수익은 회사의 주인인 주주가 챙기게 된다. 이렇듯 주주의 이익은 그 회사의 직원들이 생산한 경제적 가치를 통해 실현된다.

자본주의 사회에서 이와 같은 방식으로 돈이 흐르는 이유는 한 사람이 일해서 벌 수 있는 돈에는 한계가 있기 때문이다. 자본주의 경제 체제에서 경제적 가치는 개인의 노동과 시스템이 만들어 낸다. 따라서 노동을 통한 근로소득만으로 돈을 버는 사람은 자신이 일한 시스템이 번 돈은 포기하는 것이나 다름없다. 자본주의 경제 체제 안에서 살고 있는 우리는 시스템이 버는 경제적 가치를 우리 주머니로 가져오기 위해 '투자'를 해야 한다.

그런데 돈이 돈을 벌어오는 자본주의 경제 체제 아래에서 일정 수준 이상의 돈이 없다면 주식 투자를 하더라도 큰 수익을 낼 수가 없다. 1억 원을 투자해서 수익률 20%면 2,000만 원을 벌지만 10억 원을 투자한다면 수익률이 10%만 되어도 1억 원을 버는 것이 자본주의 현실이다.

투자인가? 투기인가?

    사람들은 돈을 빨리, 많이 벌고 싶어 한다. 주식시장에서 단기투자를 하는 것도, 비트코인이나 부동산에 투자하는 것도 그 때문이다. 그런데 그런 투자는 엄격하게 말해서 '투기'이지 투자는 아니다. 투자와 투기는 모두 금전적 이익을 목적으로 하지만 '투자'는 거래 대상의 실질 가치와 성격에 대해 인지하고 손실을 감안하여 결정한다. 반면 '투기'는 막연한 희망으로 오로지 차익만을 위해 결정한다. 투자와 투기는 모두 '던질 투(投)'를 사용하지만 투자의 자는 재물을 의미하는 '재물 자(資)'로 자금을 투입하는 행위, 투기의 기는 기교를 의미하는 '틀 기(機)'를 사용하여 의미의 차이가 있다.

    비트코인의 예를 들어보자. 대표적인 암호화폐인 '비트코인'은 2009년에 사토시 나카모토라는 익명의 프로그래머가 만들었다. 비트코인의 핵심은 모든 거래가 블록체인에 기록되어 개인, 정부가 그 과정에 간섭하지 않는다는 데 있다. 사토시 나카모토는 불완전한 정보를 가진 불완전한 인간이 주관적인 의사 결정을 통해 시장에 개입하는 현실을 바꾸기 위해 이와 같은 암호 화폐를 만들었다. 즉 암호 화폐

는 기존 경제 체제와 독립된 별개의 경제 체제를 만들기 위해 개발된 것이다.

비트코인에 대한 투자가 투기가 아닌 투자가 되려면 비트코인 가격이 형성되는 근거가 분명해야 한다. 하지만 시중에서 거래되는 비트코인은 명확한 근거가 없다. 가격변동에 영향을 미치는 기술적 지표들이 있다고는 하지만 일반인들은 그 지표에 접근할 수도 없고 접근할 수 있다고 해도 그 내용을 이해하기 어렵다. 그렇다 보니 비트코인의 가치를 결정하는 유일한 요소는 사람들의 욕구와 욕망뿐이다. 그런데 사람의 욕구와 욕망이 얼마나 빨리 변하고 예측 불가능한가? 이와 같은 상황에서 비트코인에 투자하는 건 매우 위험할 수밖에 없다.

부동산 투자라면?

부동산 투자 역시 마찬가지다. 지역개발이 활발하게 이루어지는 시기에는 특정 지역에 호재가 발생하면 그 지역에 대한 수요만큼 부동산 가치도 상승할 가능성이 높았다. 하지만 50대 이상 인구가 40대 이하보다 확연하게 많아진 우리나라 인구구조에 비추어봤을 때, 부동산 투자가 큰돈을 안겨줄 가능성은 매우 낮아졌다. 20년 후 우리나라 인구는 지금보다 최소 20% 이상 줄어 있을 것이고, 그즈음이면 최근 몇 년간 소위 '영끌'해서 부동산을 산 30~40대는 50~60대가 되어 퇴직하거나 활발한 경제활동을 할 수 없게 된다. 집값이 5~10년 내 폭락할 가능성은 크지 않지만 우리나라 인구구조와 경제 규모를 고려했을 때 10~20년 후에는 폭락할 가능성도 있다. 지방에서부터 시작해서 경기도, 서울 외곽까지는.

조금 더 세밀하게 살펴보자. 통계청이 조사한 '2021년 생명표'를 보면 우리나라 평균 기대수명은 83.3세이다. 20년 후 지금의 60대(2020년 12월 기준, 우리나라 60대 이상은 1,200만명) 이상인 사람이 상당수 사망한다고 하면 우리나라 인구는 현재 5,100만 명에서 3,900만 명까지 줄어든다. 여기에 우리나라 10대 미만 인구는 400만 명이 안 되고 출생률이 현 상태로 유지된다고 가정했을 때 새로 태어나는 800만 명을 더하면 우리나라 인구는 총 4,700만 명이 된다. 2020년 12월을 기준으로 10대 미만과 10대의 인구가 100만 명 차이, 10대와 20대는 210만 명 차이가 나는데, 우리나라의 출산율이 낮아지고 있다는 것을 감안하면 20대 미만의 인구는 앞

으로 더 적어질 가능성이 있고 만 20세 이하는 현실적으로 주택 매매 연령층이 아니라 부동산 시장을 논하는 데 있어서 큰 변수가 아니다.

우리나라 인구는 이처럼 20년 후에 상당히 줄어 있을 것이다. 통계청의 '2021년 주택 소유 통계'에 의하면 우리나라에서 주택을 소유한 사람들 중 58%가 50~60대 이상인데 이들이 소유한 부동산 상당수가 20년 후에는 시장에 나올 것이란 것을 의미한다. 지금의 50~60대는 20년 후에는 일을 하지 않고 있을 확률이 높고, 노후 자금 마련을 위해 집을 팔고 집값이 더 저렴한 지역으로 이사할 유인이 크기 때문이다.

여기에 더해서 영혼까지 끌어다 투자한 30~40대를 계산하면 상황이 더욱 심각해진다. 우리나라 30~40대 인구는 150만 명으로 그중 현재 집을 소유한 사람들은 20년 후에는 퇴직했을 가능성이 매우 높다. 퇴직하지 않았어도 지금보다는 경제력이 떨어질 확률이 높다. 이들은 최대한 집값이 비쌀 때 팔아서 저렴한 집을 구입해 여유자금을 마련하려 할 텐데, 그 시기가 지금의 50~60대가 집을 팔려는 시기와 비슷할 확률 또한 높다. 그리고 한 연령대에서 매물이 쏟아지면 자연스럽게 집값은 떨어질 것이고, 집값이 내려가면 다른 사람들도 몇 년 후 있을 은퇴를 고려해서 집을 시장에 내

놓을 수밖에 없다. 이와 같은 상황에서 서울 일부 지역을 제외한 나머지 지역에 대한 부동산 투자는 장기적인 관점에서 봤을 때 큰 수익을 만들어 내지 못할 가능성이 높다.

가장 안전하고 기본이 되는 투자

돈이 없는 사람이 주식, 비트코인, 부동산 등 금전적 투자를 통해 돈을 버는 데는 한계가 분명하다. 하지만 돈이 없어도 자본주의 체제 안에서 할 수 있는 투자는 있다. 바로 '자신에 대한 투자'다. 앞에서 설명했듯이 자본주의 체제에서는 다른 사람들이 일한 경제적 가치가 내 주머니로 들어와야 큰돈을 벌 수 있는데, 여기에서 핵심은 '다른 사람'에 있다. 자본주의 체제의 모든 사람이 경제적 가치를 만드는 것은 아니기 때문이다. 사람들의 능력에는 엄청난 차이가 있다. 그렇다 보니 기업은 능력 있는 사람을 고용하기 위해 혈안 되어 있고, 그런 사람들을 찾는 일은 절대 쉽지 않다.

이러한 환경에서는 결국 희소성이 몸값을 결정한다. 누구나 대체하기 어려운 능력이 있는 사람을 원하므로 그만큼 그 사람의 가치도 치솟는 것이다. 수십, 수백억 연봉을 받는

사람을 보면 그만한 가치가 있는지 의구심이 생길 수 있지만 실제 그러한 차이를 만드는 사람들도 있다. 스티브 잡스가 애플에서 쫓겨났다가 12년 만에 돌아와서 회사를 살려낸 것처럼 한 사람이 기업을 살리거나 나락의 길로 이끌어 간 사례들은 굉장히 많이 있다.

모두가 CEO가 되어야 한다는 건 아니다. 현재 우리 사회에는 매우 다양한 산업군이 있고, 산업군마다 인재는 늘 필요하다. 최근 몇 년간 개발자의 몸값이 기하급수적으로 높아진 건 결국 능력 있는 개발자를 찾기 위해서였다. 이렇게 개인의 능력은 시류를 잘 만나면 희소성의 원리에 의해 그 가치가 높아질 수 있다.

2022년에 열린 버크셔 해서웨이 주주총회에서 데프니라는 13살 난 아이가 워런 버핏에게 "모든 돈을 한 주식에 투자한다면 어떤 종목을 선택하시겠어요?"라고 질문했다. 그러자 워런 버핏은 그보다 나은 조언을 하겠다며 "학생이 할 수 있는 최선의 노력은 어느 한 분야에서 탁월한 능력을 갖추는 것입니다. 학생이 의사, 변호사를 포함한 어떤 직업을 갖든 마을에서 가장 뛰어난 사람이 된다면 사람들은 자신이 가진 것을 학생이 가지고 있는 능력과 교환하려 할 거예요. 그 능력은 아무도 빼앗아 가지 못할 것이고요. 그러니까 가장 탁월한 투자는 바로 자신을 개발하는 일입니다."라고 답했다. 그의 답변 또한 이러한 맥락에서 이해될 수 있다.

진정한 투자는 뭘까

문제는 능력을 갖추는 데는 상당한 시간이 걸린다는 데 있다. 이런 능력은 하루아침에 만들어지지 않는다.

투자는 원래 그런 것이다. 돈, 시간, 노력을 투자해서 짧은 시간 안에 쉽게 돈을 버는 방법이 있다면 그 방법은 이미 널리 알려졌을 것이다. 물론 시류를 잘 타서 짧은 시간에 큰돈을 버는 사람들은 있다. 그런데 중요한 건 그렇게 번 돈을 지금도 계속해서 벌고 있는지가 아닐까? 짧은 시간에 번 돈은 짧은 시간에 탕진할 확률이 높다. 왜냐면 짧은 시간에 돈을 많이 번 사람은 돈을 버는 게 어렵지 않다고 생각해서 노력하지 않게 되고 그러면 계속해서 성공하기가 힘들 것이기 때문이다. 노력하며 투자하는 과정에서 상당한 실패와 경험이 쌓이기 전까지는 '지속 가능한 성공'을 이룰 가능성이 매우 낮다.

사람들은 성공한 사람의 열매만 보고 부러워한다. 하지

만 그들이 성공하기까지는 수많은 시행착오를 거쳤다. 엄청난 몸값을 받는 사람은 그렇게 되기까지 수년간 갈고 닦은 자신만의 능력과 시행착오로 개발하고 찾아낸 기술과 노하우가 있다. 현실의 불확실성에도 불구하고 그 시간을 견디며 시간과 힘과 노력을 쏟았기 때문에 우리는 그것을 '투자'라고 하는 것이다.

　이미 많은 돈을 갖고 있지 않은 이상 장기적인 관점에서 우리에게 가장 좋은 투자처는 모든 사람이 원하는 서울 중심부의 부동산, 주식 투자와 자기 능력 정도다.

빚의 이유

　자신에 대한 투자가 제일 중요하지만 현실적인 이유로
돈을 벌기 위한 투자가 필요할 때도 있다. 하지만 그런 투자
를 하려면 주식이나 부동산에 투자할 때와 마찬가지로 충분
한 정보를 수집하고 분석해서 리스크를 감당할 각오가 되
어 있어야 한다.

　이는 비단 금전적인 형태의 투자에만 해당하는 것은 아
니다. 살다 보면 경험을 위한 투자를 해야 할 때도 있다. 이
런 투자는 돈을 소비하면서 하는 경우도 있지만 돈을 조금
만 받거나 받지 않는 형태로도 이루어진다. 유엔과 같은 국
제기구들의 무급 인턴제도가 그러하다. 국제기구에서 일한
경험과 인맥이 자신에게 중요한 자산이 될 것이라 믿기 때
문에 급여를 받지 않더라도 사람들은 이에 지원한다.

이런 경험은 성공적인 투자가 되어 돌아오기도 한다. 우연한 기회에 드라마 업계에 발을 들인 나 또한 그러했다. 당시에 나는 박사학위 논문을 쓰고 있었는데 방송국 PD가 된 선배에게서 연락이 왔다. 선배는 법조물을 만들기 위한 기획 회의에 함께 할 수 있겠느냐면서 드라마가 편성된 후 보수를 맞춰 주겠다고 했다. 우여곡절 끝에 드라마는 편성되었지만, 내가 받은 보수는 선배가 말한 금액과는 아주 많이 달랐다. 드라마 제작사가 제안한 보수는 출퇴근하지는 않았지만 내가 드라마에 쏟은 노력에는 한참을 못 미쳤다. 하지만 나는 그 보수를 받고서 일하는 것이 '업계 사람'으로 인정받기 위한 투자라고 생각했다. 그리고 나는 그때의 드라마가 방영된 후 4개 프로젝트를 더 하게 되었고 이제는 처음 받은 금액의 2~3배 정도의 보수를 받고 있다. 이제 사람들이 나를 '업계 사람'으로 인정하는 걸 느끼면서 나는 그때의 투자가 충분한 가치가 있었다고 생각했다.

이런 투자가 항상 성공하지는 않는다. 그렇지 않은 경우가 현실에서는 훨씬 더 많다. 하지만 이와 같은 경험에 대한 투자는 조금 덜 받더라도 내 힘과 노력을 더 들일 뿐, 직접 돈을 들이지는 않으므로 상대적으로 리스크가 덜하다. 반면 돈을 직접 투자하는 경우는 완전히 다르다. 애초에 돈이 많지 않은 사람들이 돈을 투자하는 방법은 빚을 지는 것밖에 없는데, 잘못 받은 대출은 인생을 완전히 망가뜨릴 수 있다.

대출과 투자는 리스크가 있다

돈을 빌리는 법제도는 자본주의 사회가 본격적으로 도래하기 이전부터 있었다. 「함무라비 법전」에 보리나 은으로 지불하는 이자율에 대한 세부 내용이 있을 정도로 인류는 수천 년부터 소유물을 거래하고 관리하는 데 주위의 도움이 있어야 한다는 것을 알았다. 개인에게 자유를 최대한 보장하며 돈의 흐름을 시장에 맡기는 자본주의 사회에 사는 우리에게 법제도가 정하는 틀 안에서 그러한 도움의 주요 수단은 '대출'이다.

자본주의 사회에서는 소위 '금수저'가 아닌 이상 돈이 필요하다면 어떤 형태로든 빚을 낼 수밖에 없다. '나는 빚을 지지 않았고 투자받았다'고 말하는 이도 있겠지만 투자를 받은 것도 빚을 진 것이다. 사업을 위한 투자금은 언젠가 어떤 형태로든 투자자에게 반환해야 하기 때문이다. 자본주의 사회에서는 누구도 돈을 그냥 주지 않는다.

문제는 대출과 투자는 항상 리스크가 따른다는 것이다. 실패를 생각하면서 사업을 시작하는 사람은 아무도 없겠지만 현실에서는 항상 예상하지 못한 변수들이 생기기 마련이다. 그래서 투자자들은 투자 여부를 결정할 때 굉장히 신중히 처리한다.

불확실한 세계에서 대출받으려면

투자자들이 투자할 기업을 평가하는 것처럼 은행은 개인의 대출 상환 능력을 심사한다. 개인의 자산과 신용 수준을 고려해서 필요한 경우 대출금에 상응하는 담보를 요청하고 상환 능력이 부족하다고 판단된다면 대출이자를 높이거나 대출을 거부하기도 한다.

문제는 우리가 사는 세상은 불확실성이 워낙 커서 은행 역시 기업 투자자와 마찬가지로 모든 리스크를 계산할 수 없다는 데 있다. 2008년 세계 경제를 위기로 내몰았던 서브프라임 모기지 사태가 대표적이다. 당시 미국 은행들은 주택 가격이 급락할 수 있다는 예상을 하지 못하고 신용불량자에 가까운 사람에게도 주택담보대출을 해주었고, 그 결과 부동산 버블이 터지면서 집값이 폭락했다. 부동산 시장을 과신한 데다가 신용이 낮은 사람에게 더 높은 이자율로 대출을 내주어 수익을 높이려다가 직격탄을 맞은 것이다.

이와 같은 현상이 최근 우리나라에서도 나타났다. 미국 연방 준비 제도 이사회가 2022년 기준금리를 올리자 우리나라도 기준금리를 올렸는데 기존에 주택담보대출을 받은 사람들이 감당해야 할 대출이자가 늘어난 것이다. 그 결과 집값이 내려가고 전셋값보다 집값이 더 낮아진 깡통전세가 발생했다. 한국의 기준금리가 처음 1% 이하가 된 것이 2020년이 처음이었다는 사실과 언젠가 기준금리가 인상될 수 있다는 사실만 염두에 뒀어도 이처럼 심각하게 되진 않았을 것이다.

금융 시장에서 신용이란?

근시안적이고 자기중심적으로 상황을 파악하는 개인과 은행에 은행의 운영을 맡기는 것은 국가적인 위기로 이어질 수 있다. 그래서 대부분 국가는 중앙은행을 운영하면서 시중은행을 관리하고 개인과 기업에 피해가 가지 않도록 노

력을 기울인다.

우리나라는 한국은행이 그와 같은 기능과 역할을 하는데, 금융기관이 부채의 일정 비율을 중앙은행에 예치하도록 하여 유동성을 조절하고 금융기관에 예금을 받고 대출해 줄 뿐 아니라 금융기관에 자금이 부족할 시 긴급자금을 빌려주는 등 여러 방향으로 금융시장을 관리한다.

이처럼 많은 안전장치를 두어도 대출은 많은 리스크를 수반한다. 누구도 모든 정보를 완벽하게 파악할 수 없고, 다양한 성향과 이해관계 속에서 무슨 일이 어떻게 일어날지 모르기 때문이다.

가령 나는 주로 체크카드를 사용하다 작년부터 신용카드를 사용하기 시작했는데 통장 잔고에 다이나믹한 변화가 없었어도 연체된 적이 한 번도 없다는 이유로 1년이 채 안 돼서 신용등급이 꽤 올라갔다. 만약 지금 내게 갑작스러운 일이 생겨 무리하게 대출을 받아야 한다면 신용등급이 높아진 나는 낮은 이자율로 대출을 받을 수 있다. 하지만 무리하게 받은 대출금을 내가 잘 갚을 수 있다는 보장은 어디에도 없다.

금융시장에서 '신용'의 의미는 '현금의 운용 상태를 미루어 보아 상환할 수 있을 만큼의 대출을 신청했으리라 신뢰할 수 있는 수준'이라고 할 수 있다. 하지만 사람은 상황이 변하면 얼마든지 다른 행동을 보일 수 있고, 이런 리스크는 누구도 계산하거나 예측할 수 없다. 대출은 보수적으로 제공되는 것이 맞다.

하지만 대출 기준이 너무 엄격한 것도 바람직하지는 않다. 대출의 기준이 너무 엄격할 경우 자산이 많지 않고 신용등급이 낮은 사람들은 성공할 만한 사업 모델이 있다 한들 자금을 구할 수 없기 때문이다. 오히려 대출 기준이 느슨하여 돈은 없지만 사업은 잘할 사람들이 대출을 받을 수 있게 하면 은행 수익도 높아지고 사회적으로도 일자리가 만들어져 선순환이 이루어질 수 있다. 자본주의 사회에서 대출의 기준을 정하기란 참으로 어려운 문제다.

그런데 그보다 더 중요한 것은 대출받는 사람들의 마음 상태다. 최근 대출을 받아 비트코인과 주식에 투자한 사람들이 많아졌다. 앞에서 설명했듯이 주식은 그나마 기업과 시장에 대한 정보를 기반으로 미래에 대한 예측을 할 수는 있지만 변수가 대단히 많다. 코인은 심지어 그러한 예측을 할 수 있는 정보나 기준도 없다. 그러므로 대출까지 받아서 주식이나 코인에 투자하는 건 투기를 넘어서 도박에 가까운 일이다.

자본주의 사회에서는 누구도 돈을 허투루 빌려주지 않는
다. 당신에게 돈을 빌려주려는 누군가는 돌려받기 위한 안
전장치를 마련해 두고 빌려줄 것이며 어떤 방법을 통해서
든 받아내려 할 것이다. 우리가 빚을 질 때는 이 사실을 항
상 염두에 두어야 한다.

돈벌이를 위해 사람을 볼 이유

　지금까지의 내용을 읽고 새삼 알게 된 건 아닐 테지만 세상살이의 분명하고 확실한 진실 한 가지는 돈벌이는 참 힘들다는 것이다. 내가 돈을 벌려면 그 돈은 누군가의 지갑에서 나와야 하는데 어느 누가 자신이 어렵게 번 돈을 기꺼이 다른 사람에게 주겠나? 그러니 돈벌이는 어려울 수밖에.

　그런데도 '쉽게 돈 버는 비법'이라고 하면 모두 귀가 쫑긋한다. 물론 단기간에 많은 돈을 버는 사람도 방법도 있을 것이다. 하지만 그중에 지속 가능한 방법은 없다. 왜냐면 돈을 많이 버는 것을 목표로 삼은 사람의 욕구와 욕망은 한계가 없다 보니 어느 시점에선 적정선을 넘어 편법과 불법에 이르게 되기 때문이다. '풍족하게 먹고살 만한 선에서 멈추면 될 텐데 왜 저렇게까지 큰 욕심을 부렸을까?'라고 생각

할 수도 있지만 돈 자체가 목표가 되면 브레이크가 있을 수가 없다.

지속 가능한 돈벌이에는 무엇이 있을까? 한 가지만 꼽는다면 그건 돈보다 사람을 먼저 생각하는 것이다. 안다. 뻔한 얘기라는 것. 그런데 이 뻔한 얘기를 다시 하는 건 많은 사람이 이 뻔한 사실을 무시하기 때문이다. 돈만을 좇아서는 절대 지속 가능하게 돈을 벌 수 없다. 돈보다 사람을 먼저 생각해야 한다고 해서 돈을 의식하지 말고, 계산적으로 해서는 안된다는 말이 아니다. 돈벌이 프로세스 안의 사람들을 이해해야 돈을 지속해서 벌 수 있다는 뜻이다.

시장에 대한 통계보다 사람에 대한 이해가 필요하다

'사람'을 먼저 생각해야 하는 가장 근본적인 이유는 내가 돈을 많이 벌려면 다른 사람의 지갑을 그만큼 많이 열게 만들어야 하기 때문이다. 그러기 위해서는 사람들이 어떤 상황에서, 어떻게, 왜, 어느 정도의 돈을 쓰는지에 대한 이해가 있어야 한다. 실제로 '마케팅'은 사람에 대한 이해를 바탕으로 제품(혹은 서비스)을 누구에게 판매할 수 있을지 분석하는 과정을 거친다. 오늘날의 마케팅은 사람에 대한 정성적인 분석과 평가보다는 통계를 통해 정량적으로 평가하고 분석하지만, 통계상의 수치를 해석하는 과정에서는 제품이나 서비스를 판매하고자 하는 시장에서 살아가는 사람에 대한 이해가 필요하다.

일례로 내가 1년 반 정도 일했던 마케팅 대행사에서 SNS 광고를 집행했을 때 다른 대행사들과 다른 점이 있었다. 당시 SNS 광고는 나이, 거주지역, 취미 등 세부 사항을 설정해서 타깃을 정하게 디자인되어 있었는데, 대행사 대표가 '한국 사람들은 그런 자세한 내용을 채우지 않는 성향이 있어서 타깃을 상세하게 설정하면 오히려 광고 효율이 낮아진다'며 몇 가지 주요 항목만 체크하고 나머지는 설정하지 않은 상태로 광고를 집행하라고 한 것이다. 실제 그 광고가 효과가 있었던 건 말할 것도 없다.

이처럼 통계는 흐름과 특징을 보여줄 수는 있지만 그 이유는 설명하지 못한다. 따라서 제품 또는 서비스 판매 전략을 수립하는 과정에서는 구매자, 즉 사람에 대한 분석을 병행해야 한다. 같은 햄버거 가게라도 미국에서는 다른 먹거리에 비해 저렴해서 많이 팔린다면 한국에서는 요즘 유행하는 힙한 인테리어를 갖췄기 때문에 잘 팔릴 수도 있다.

투자를 잘하려면

　이러한 방식의 접근법은 투자에도 적용되어야 한다. 평소에는 주머니를 잘 열지 않는 사람들도 'OO종목이 좋다'라는 소문에 '믿을 수 있는 정보'라는 말만 붙으면 투자를 결심하는 경우가 많다. 그럴 때는 잠시 멈춰 생각해 보자. 정말 신뢰할 수 있는 정보인가, 그런 상황에서는 한 걸음 물러나서 시장을 보고 그 회사에 대한 정보를 찾아봐야 한다.

　여기에서 '시장'을 본다는 것은 사람을 봐야 한다는 것을 의미한다. AI 분야가 뜨고 있어서 투자해야 한다는 조언을 들었다고 해보자. 지금의 AI는 어느 수준까지 개발되었는지, 아니 그에 앞서 어떤 기술을 AI로 분류할 수 있는지에 대한 내용을 먼저 확인하고, 그 사람이 투자하라고 했던 회사가 실제 AI 기술을 개발 중인지, 그 회사가 개발한 AI를 기반으로 한 서비스를 얼마나 많은 사람이 현실에서 사용할지에 대한 고민해보고 투자해야 한다는 말이다.

　처음 AI 스피커가 나왔을 때 얼마나 열광했는지 생각해보자. 그런데 지금 AI 스피커 관련 키워드를 찾아보면 AI 스피커는 파는 곳을 찾을 수 없고 일부 대기업이 판매했던 AI 스피커는 생산 자체가 중단된 상황이다. 왜 이런 일이 발생했을까? 생각보다 첨단기술이 필요하지 않기 때문이다. 사람들은 자신이 익숙한 틀에서 쉽게 벗어나지 못하기 때문에 새로운 기술을 기반으로 한 서비스가 완전히 자리 잡으려면 수년이 걸리거나 아예 자리 잡지 못할 확률이 더 높다. 현실에서는 성공한 제품이나 서비스보다 그렇지 않은 제품과 서비스가 더 많다.

잘 나가는 시스템에는 사람이 있다

어떤 회사에 투자할 때는 그 회사가 고객과 고객의 반응을 어떻게 살피는지와 경영의 방향성, 성장 가능성 등을 고려해 보고 결정하는 것이 맞다. 경영자 프로필 확인도 도움이 될 수 있다. 누가 의사 결정을 하느냐에 따라 회사가 나갈 방향이 결정되고 그에 따라 회사가 잘 나가거나 퇴보할 수 있기 때문이다. 결국은 사람이 하는 일이라서 투자할 때도 사람을 봐야 한다.

이와 같은 방식의 투자는 스타트업 투자방식에서 조금 더 분명하게 드러난다. 대기업의 경우 '사람'과 '시장'적인 요소를 외부에서 확인하기가 쉽지 않지만 스타트업 회사들은 투

자를 받기 위해 이런 요소를 적극적으로 어필하고 설득하려 하기 때문이다. 투자에 대한 결정도 스타트업 회사를 창업한 '사람'에 따라 달라진다. 초기 단계 투자는 사업모델 제시 전부터 창업자의 이력만으로 투자가 이루어지기도 하는데 초기에는 투자금이 크지 않아서 상대적으로 위험 부담이 적기도 하지만 창업자가 과거에 이루어 온 성과에 대한 신뢰가 있어서 가능한 일이다.

아무리 시스템이 잘 돌아가고, 수많은 통계 자료가 정량적인 지표를 보여준다고 해도 그것이 항상 완벽하지는 않다. 그런 자료들을 당연히 참고는 해야겠지만 시스템과 통계는 그 안에서 일하는 사람과 통계를 해석하고 적용하는 사람에 따라 결론이 달라질 수 있기 때문에 자료에만 의지해서는 사업과 투자에 성공하기가 쉽지 않다. 성공한 사업가와 투자자의 이야기를 들어보면 결정적인 지점에는 항상 사람에 대한 평가와 판단의 차이가 변수로 작용했다는 것을 알 수 있다.

이러한 사실은 스타트업을 M&A나 상장하여 자금을 회수하는 데 성공한 사람들이 다시 스타트업을 창업할 때 더 쉽게 투자를 받는 사례를 통해서도 알 수 있다. 2018년 부동산 관련 애플리케이션인 직방이 전국 아파트 실거래가를 제공하는 '호갱노노'라는 앱을 인수하면서 호갱노노의 엑싯✽에 성공하고 그 뒤 호갱노노의 대표가 창업한 카페노노에 이전의 호갱노노 투자자들이 투자한 사례가 있다. 이처럼 투자금을 성공적으로 회수한 스타트업 창업자의 두 번째, 세 번째 창업에 투자자들이 투자에 나서는 사례는 어렵지 않게 찾아볼 수 있다.

시스템을 운영하는 것도 결국 사람이다. 이런 변수를 최소화하려고, 즉 사람이 대체되어도 이상이 없는 시스템을 만들기 위해 대기업은 많은 시간과 돈을 들여 신중하게 직원을 뽑는다. 아이러니하게도 이는 대기업들이 사람을 얼마나 중요하게 여기는 지를 보여준다.

회사생활 잘하는 능력은

그렇다 보니 사람들은 '시스템 안의 사람'을 선택할 때 '능력'이 가장 큰 기준이 되어야 한다고 생각하는데, 사람들이 말하는 '능력'은 너무 추상적이어서 현실적으로 능력만

✽ 투자 후 자금을 회수하는 방법

을 기준으로 사람을 채용하기는 힘든 일이다.

예를 들어 신입사원을 채용할 때 지원자의 학력과 학점, 경험했던 활동이 그 사람의 능력을 그대로 보여준다고 생각하는가? 최근 대부분 학교가 상대평가를 하므로 학점과 등수를 알 수는 있지만 그것이 곧 객관적인 실력이라고 할 수는 없다. 무엇보다 학교에서 공부를 잘했다고 해서 회사생활에 필요한 능력이 더 뛰어나다고 할 수 없다. 눈에 보이는 수치와 자기소개서에 쓰인 다양한 활동 이력이 채용된 후 그 사람이 일의 성과를 보장해 주지 않는 것이다.

그런데도 회사에서 신입사원을 채용할 때 학력과 학점을 참조하는 이유는, 학력과 학점은 그 사람이 하고 싶지 않은 일을 얼마나 잘 하면서 버텨냈는지를 보여주기 때문이다. 공부를 좋아하는 사람은 거의 없다. 순수하게 학문으로서의 공부를 좋아하는 사람도 있지만 점수를 위한 시험을 좋아하는 사람은 극히 드물다.

기업, 특히 대기업에서는 좋아하지 않는 일이라도 참고 해내는 능력이 매우 중요하다. 대기업은 더더욱 그럴 수밖에 없는데 대기업의 업무는 개인을 언제든지 대체할 수 있도록 세밀하게 분업화되어 있기 때문이다. 그런 업무를 반복해서 하는 것을 좋아하는 사람은 많지 않다. 그래서 기업은 재미없고 힘든 회사생활을 참고 해내는 사람을 찾으려 하고, 그것을 짧은 시간 안에 확인할 수 있는 게 학력과 학점이다.

그렇다고 해서 모든 회사가 좋은 학력과 학점을 가진 사람을 무조건 선호하는 것은 아니다. SKY를 나왔다거나 유명한 해외 대학 출신이거나 학점이 좋아서 채용한 사람이 얼마 지나지 않아 이직해버리면 회사 입장에서는 실패한 투자가 되기 때문이다.

경력직도 다소의 차이는 있으나 마찬가지다. 사람들은 '성과만 내면 된다'라고 생각하고 이력서에 들어갈 성과와 경력만 관리하는데, 경력직을 뽑는 회사는 이력서와 자기소개서, 면접만 보고 사람을 선택하지 않는다. 일명 '평판 조사'를 하는 경우도 많다. 업무능력이 아무리 뛰어나도 일은 결국 사람이 하는 것이라 사람 관계에서 문제가 생기면 일을 제대로 진행할 수 없기 때문이다. 그러므로 연봉을 높여 이직하고 싶다고 해서 미래만 생각하고 달리기보다는 현재 회사에 최선을 다해봄이 어떨까.

어떤 사람인지가 더 중요하다

'사람'을 보는 문화가 가장 강하게 자리 잡은 나라는 미국이다. 미국 기업들에는 아예 직원이 지인을 추천할 수 있는 제도를 갖추고 있다. 직원이 추천한 사람이 채용되면 그 직원에게 보너스를 주기도 한다. 미국 기업들은 인턴 직원이라 해도 1대1 면접을 두 번에 걸쳐 한 시간씩 보고, 정규직 직원을 채용할 때는 해당 부서뿐만 아니라 다른 부서 사람도 같이 면접을 진행한다. 지원자의 능력을 다각적으로 살펴보고 더 나아가 기존 직원들과 조화를 이룰지에 대한 판단을 입체적으로 하기 위해서다.

나도 그런 문화를 구글에서 인턴 생활을 하면서 경험했다. 두 번째 변호사시험을 치른 후, 6개월간 실무 수습을 어디에서 해야 할지 고민하던 중이었다. 이때 구글에서 일하던 지인에게 구글코리아 법무팀에서 인턴을 선발한다는 내용을 듣고 지원했다. 처음에는 인사팀으로부터 로스쿨 졸업생이라는 이유로 불합격 통보를 받았지만, 법무팀장님이 인사팀과 논의하여 면접을 볼 기회를 얻었다. 그리고 법무팀장님과 팀원과 각각 1시간씩 면접을 봤고, 얼마 후에 합격통지를 받았다.

당시에 나는 과도할 정도로 솔직하게 면접을 봐서 합격은 힘들 수도 있겠다고 생각했다. 구글에 지원하면서 남북관계 이야기를 한참 했댔으니 그럴 수밖에. 나중에 들어보니 팀장님은 그 대답이 좋았다고 하셨다. 다양한 경험과 시야를 가졌기 때문에 일할 때 새로운 인사이트를 줄 수 있을 것 같았다고.

구글에서 일하는 동안 지인을 추천한 적이 있는데 그 친구가 채용되는 과정에서도 미국 기업은 특정한 포지션을 틀에 가두지 않고 채용한다는 사실을 실감했다. 채용 조건이 경력 5년 이상의 변호사였는데도 3년 차 변호사인 그 친구가 채용된 것이다. 내부에서 많은 논의가 있었지만 그 친구는 결국 채용이 확정되었다. 나는 이 모든 것이 서류상의 숫자가 아니라 사람을 봤기 때문에 할 수 있는 결정이었다고 생각한다.

능력이 아니라 어떤 사람이냐가 더 중요하다. 능력이 중요하지도 필요하지도 않다는 게 아니라 회사에서 일하는 데 필요한 기본 능력을 갖췄다면 그 후에는 능력이 아니라 어떤 사람인지가 더 중요하게 작용한다는 것이다.

앞서 반복해서 설명했듯 자본주의 경제 체제에서는 개인이 아니라 시스템이 돈을 벌어들이고 경제적 가치를 창출한

다. 그런데 사람들 사이가 원만하지 않으면 시스템이 제대로 작동하지 않는다. 많은 회사가 능력만 탁월한 사람보다 능력은 다소 부족해도 잠재 능력이 보이는 사람을 선택하는 이유는 그런 사람이 성장하면 회사 시스템이 더 효율적으로 운영될 수 있어서일 거다.

탁월한 능력은 새로운 기회와 상당한 수준의 금전적 보상을 단기적으로 줄 수 있지만 그것만으로 모든 것이 해결되지는 않는다. 탁월한 능력과 함께 좋은 동료이자 좋은 상사가 되어야 더 좋은 기회가 주어질 수 있다.

이러한 공식은 회사에도 적용된다. 사람들이 일하고 싶은 곳은 '정당한 일과 그에 맞는 공정한 대우'를 하는 회사이다. 예를 들어 외근, 야근, 주말 근무에 대한 보상이 없고 앞으로도 그 처우가 달라지지 않을 것이라 말하는 회사에서 일할 수 있을까? 단순히 현재 상황이 열악하고 힘든 문제가 아니다. 더 큰 문제는 앞으로 회사의 처우가 달라질 가능성이 보이지 않는다는 것이다. 지금은 힘들더라도 회사에서 성장할 수 있는 미래를 보여준다면 직원들은 진지하게 고려해 볼 것이다.

나에게도 비슷한 경험이 있다. 나는 지인이 대표로 있는 작은 디지털 마케팅 회사에서 1년 반 정도 일했는데, 그 회사는 맨땅에 헤딩하듯 4명으로 회사를 시작해서 프로젝트를 따오기 위해 낮은 가격에 입찰해야만 했다. 작은 광고 대행사이다 보니 업무량에 비해 연봉이 낮아 직원들의 불만은 쌓일 수밖에 없었다. 직원들은 농담 반 진담 반 이직하고 싶다며 대표 앞에서도 서슴지 않고 말하곤 했다.

그 회사가 다른 회사와 다른 점은 대표가 직원의 반응을 그대로 받아들였다는 것이다. 그 당시 대표는 기꺼이 이직을 상담해 주거나 설득하면서 회사를 지켜냈다. 현재 이 회사는 사원 70명 규모로 성장하여 자리 잡았다. 힘든 시기를 견뎌내고 동종업계 최상 조건으로 이직한 친구들이 생겼음은 물론이다.

사람을 사람답게 대하는 세상

우리나라에서 사람을 도구로, 숫자로 보기 시작한 것은 1970년대에 효율성만 중시하는 방식으로 경제성장을 이루어 냈기 때문이다. 하지만 이제 더 이상 그렇게 해서는 돈을 벌 수 없다. 이는 우리나라의 경제 규모가 그때보다 월등하게 커져서 다양한 선택지가 생겼기 때문이다. 게다가 그

전에는 어떤 근무 환경인지 다른 선택지에 대한 정보를 접할 길이 없었지만, 오늘날에는 정보가 넘치고 알아보기도 쉬워졌다.

　이제 사람들은 기업에 따라 불매운동을 벌인다거나 자청하여 홍보하는 일도 마다하지 않는다. 과거의 방식은 더 이상 통할 수 없다. 우리는 사람을 사람답게 대해야 돈을 더 벌 수 있는 세상에 살고 있다.

개인의 수입은 어떻게 결정될까?

"저는 돈 받은 만큼만 일하겠습니다."라는 말, 누구나 일할 때 한 번쯤은 해보고 싶지 않았을까? 과거에는 아주 많이, 요즘에도 가끔은 그런 말을 하고 싶어질 때가 있다. 하지만 그 빈도는 예전만큼은 아니다. 내 수입이 단순히 노동 강도에 의해서 결정되지 않는다는 사실을 이제는 알기 때문이다.

그런 생각은 보수에 비해 과도한 노동을 한다는 생각이 들거나 함께 일하는 동료는 이렇게까지 안 해도 나보다 많은 돈을 받는다고 느껴질 때가 아닌가 싶다. 돌이켜보면 나와 함께 일했던 선배나 상사는 일의 진행 상황을 이해하고 있기는커녕 디테일도 모르는 것 같고, 내가 일을 더 많이 할뿐만 아니라 더 잘 알고 있는데도 몇만 원이나 몇십만 원이

아니라 연봉의 절반도 받지 못하고 있다는 생각에 화가 난 것 같다.

지금은 많이 성장해 자리를 잡았지만 내가 잠시 몸담았던 광고 대행사는 인턴을 포함해서 직원이 10명에 불과했고 연봉은 매우 낮은 수준이었다. 업무 특성상 9 to 6은커녕 10시 전에 퇴근할 수 있는 날도 많지 않았고 경쟁 PT를 앞두고 있으면 주말 근무에 밤샘해야 할 때도 있었다. 직원들은 '내가 이 돈 받고 이렇게까지 일해야 하나'라는 고민을 늘 하고 있었다.

그들은 부당한 연봉을 받고 있었을까? 연봉이 노동 강도만을 기준으로 결정된다면 답은 쉽다. 부당한 수준을 넘어서 노동착취에 가깝다고 할 수 있다. 그런데 관점을 바꿔서 그들은 어느 정도의 경제적 가치를 생산하고 있었을까? 직원이 생산한 경제적 가치는 그 회사의 매출을 보면 알 수 있다. 당시 회사는 매출이 10억 원 이하였으니 10명의 직원이 만든 경제적 가치는 10억 원 이하라고 할 수 있다. 그렇다면 그들의 업무는 어땠을까? 회사 대표는 영업에서부터 모든 프로젝트의 관리를 담당하고 있었고, 직원들은 자신에게 주어진 업무 정도를 해결하는 수준이었다. 팀장 두 명을 제외한 직원들은 신입사원이었다.

내가 회사에서 많은 일을 하고 있다는 생각이 든다면?

우리는 회사에 입사해 힘이 들면 '나는 정말 많은 일을 하고 있구나'라고 생각한다. 당연한 현상이다. 그런데 힘들다고 해서 내가 하는 업무가 대단히 생산적인 것은 아니다. 운동을 처음 시작할 때 5㎏ 아령이 무겁게 느껴진다고 해서 그 아령이 '객관적으로' 무거운 것이라고 할 수 없듯이 말이다.

대기업 신입사원의 첫 3년은 회사에서 사람에게 투자하는 기간이지 신입사원이 경제적 가치를 창출하는 기간은 아니라고 한다. 첫 3년은 실수도 하면서 일을 배우는 기간이라는 것이다. 물론 일을 배우는 기간이라 해도 회사생활은 고되고 힘들다. 초·중·고 12년, 대학교 4년까지 신입사원은 공부하고 시험 보는 근육은 있지만 일하는 근육은 아직 없는 상태다. '일 근육'이라는 완전히 새로운 근육을 만들어야 하니 힘이 들 수밖에 없다. 또 학교에서는 비슷비슷한 고민을 가진 또래 친구나 1~2살 차이 나는 선후배들이 많지만, 취업 후에는 운이 좋으면 나보다 4~5살 많은 상사나 팀원, 그렇지 않으면 팀원 전원이 40대 이상인 경우도 많으니 회사생활이 힘이 들 수밖에 없다.

자신의 힘든 정도가 곧 본인이 생산해 낸 경제적 가치와

일치하는 것도 아니다. 그리고 우리는 전체 가치에서 각자가 생산한 경제적 가치만큼 나누어 갖기 때문에 처음 사회생활을 하는 사람은 연봉이 낮을 수밖에 없다.

이러한 사실이 처음에는 와닿지 않을 수 있다. 하지만 5kg 아령을 무거워하던 사람이 2~3년간 운동을 꾸준히 해서 벤치 프레스를 100kg씩 들 수 있게 되면 무겁게 느껴지던 5kg가 아무렇지도 않듯이 연차가 쌓이다 보면 처음에는 힘들게 느껴졌던 일들도 그렇게 힘든 일이 아니었다는 사실을 알게 된다.

직급이 높아짐에 따라서 연봉이 올라가는 것도 그러한 원리에서 이해할 수 있다. 대부분은 오래 일을 해온 사람일수록 더 많은 일을 효율적으로 해낼 수 있기에 더 많은 연봉을 받는다. 문제는 제품이나 서비스를 직접 판매하는 것이 아닌 이상 실제 가치 창출이 어느 정도인지 수치로 확인하기는 힘들다는 것이다. 그래서 많은 회사가 연차가 높은 사람에게 더 많은 연봉을 지급하고 최대한 객관적인 평가를 통해 성과를 측정하려 노력한다.

'관리자'로 분류되는 사람들은 일반적으로 연봉이 더 높은 편인데, 이는 물리적으로 더 많은 일을 하고 있어서는 아니다. 경제적 가치를 생산하는 단위가 (그 단위가 셀*이든, 팀이든, 그룹이든) 최대한의 가치를 발휘할 수 있도록 관리하고 업무를 조율하는 책임이 있기 때문이다.

그래도 관리자에 대해 '하는 일에 비해 엄청난 연봉을 받네'라고 생각한 사람이 많을 것이다. 실제 일을 제대로 안 하는 관리자일 수도 있지만, 관리자가 그렇게 보이는 이유는 그가 물리적으로 시간이 많이 필요한 일을 담당하지 않았기 때문이다.

관리자는 대개 회사의 제품이나 서비스가 만들어지는 공정을 살펴보고 검토하면서 일하는 환경이 제대로 갖춰졌는지 필요한 것을 보완해 주는 업무를 담당한다. 이런 일들은 대부분 물리적인 힘이 들지 않는다. 그보다 한 걸음 물러나서 전체적인 흐름을 관찰하는 데 더 많은 시간을 써야 한다. 그래서 관리자들은 오히려 노동 강도가 심하면 안 되는 특징이 있다.

조직에서 가장 높은 위치에 있는 사람이라면 한 걸음 물러나 흐름과 방향을 바라보고 고민하는 시간을 가져야 자신과 조직이 향한 방향을 돌아보고 조정할 수 있다. 빌 게

✽ 셀(cell)이란 팀 안에서도 업무에 따라 나뉘는 하부 조직에 쓰이는 표현을 말한다.

이츠가 일 년에 두 번, 책을 한 보따리를 들고 자신의 별장으로 들어가는 것도 그러한 맥락에서 이해할 수 있다. 그가 그런 시간을 갖는 것은 물리적인 노동 강도가 심하다고 할 수 없지만 조직의 방향을 잡기 위해 필요한 일이라는 면에서 중요하다.

역할만큼 경제적 가치를 생산하고 책임을 져야 한다

문제는 회사생활을 더 오래 했다고 일을 더 잘하는 것도 아니고, 관리자가 조직의 관리에 최선을 다하지 않는 데 있다. 그뿐인가? 관리를 하는 데는 관심이 없는 관리자들도 적지 않다. 상당수가 '열심히 오래 일했으니까 이제는 조금 편하게 일해도 된다'라고 단순하게 생각하는데 그건 제대로 된 관리자의 태도가 아니다. 관리자가 높은 연봉을 받는 것은 오래 일해왔기 때문이 아니라 자신이 담당하는 조직을 책임지고 관리한 대가이다. 따라서 관리자는 조직의 일을 다 알 수도 없고 알 필요도 없지만 업무에 적합한 환경을 만들어 주고 그 결과에 대한 책임도 져야 한다.

나는 연공서열에 따르는 조직이 시대와 맞지 않는다고 생각한다. 그 이유는 업무를 배우고 성장해서 창출해 내는 경제적 가치가 개인에 따라 다르기 때문이다. 회사에 입사한 지 오래되지 않아도 생산해 내는 경제적 가치에 따른 대가가 그 사람에게로 돌아가는 환경이 조성되면 이러한 불만을 사그라질 것이다.

이는 회사 안이 아니라 밖에서도 마찬가지다. 회사원이 아니더라도 자신이 돈을 벌고 있다면, 본인의 역할을 다해서 기대하는 만큼의 경제적 가치를 생산하고 그만큼 책임도 져야 한다.

몸값도 수요와 공급에 따라

우리의 몸값은 수요와 공급에 따라 결정된다. 특정 분야의 능력 있는 사람을 원하는 곳이 많은데 그 능력을 갖춘 사람이 많지 않으면 몸값은 자연스럽게 올라간다. IT 개발자의 연봉 수준이 지난 몇 년간 갑작스럽게 오른 것도 그러한 맥락에서 이해될 수 있다. 반대로 만약 개발자의 수가 급격하게 증가했는데 IT 관련 직군에서 수요가 줄어들면 개발자의 연봉 수준은 다시 낮아질 것이다. 언제든지 대체 가능해

지기 때문이다. 그래서 대체 불가능한 밥벌이를 하고 싶다면 다른 사람들은 없는 능력을 갖춰야 한다.

수요와 공급에 따라 몸값이 정해지는 건 기업 임원과 CEO 역시 마찬가지다. 2023년 리더스인덱스에서 조사한 바에 의하면 우리나라 대기업 최고경영자는 임직원 연봉의 약 15.6배를 더 받았다. 가장 차이가 크게 난 경우는 108.6배 차이였다. 미국 페이스케일Payscale의 조사에서는 미국 기업의 CEO와 직원 간 임금 차이가 가장 많이 나는 경우가 무려 434배였고 평균 70배 차이가 나는 것으로 드러났다.

새로운 CEO가 부임했다고 해서 매출이 수십, 수백 배씩 증가하지 않는데도 그만큼의 몸값이 지급되는 이유는 그 사람의 경력과 성과를 보고 데려오려는 기업이 많기 때문이다. 이는 경력과 능력 외에도 그 사람에 대한 수요가 연봉에 많은 영향을 준다는 사실을 보여준다.

수요와 공급의 차이가 몸값에 결정적인 차이를 만드는 대표적인 직업은 연예인과 운동선수이다. 그들의 개런티를 보고 '저렇게까지?'라는 생각이 든다 해도 그 금액이 말이 되는 것은 그만큼 그들을 원하는 수요가 있기 때문이다. 만약 메시처럼 축구를 하거나 마이클 조던처럼 농구하는 사람이 많았다면 그들은 그렇게 많은 돈을 벌지 못했을 것이다.

몸값에는 사회적 가치가 거의 없다

우리의 몸값이 결정되는 기준에 '사회적 가치'는 거의 개입되지 않는다. 가령 환경미화원들이 파업하면 어떠한 상황에 부닥치게 될까? 곳곳에 쓰레기가 넘쳐 심하면 건강을 해칠 수 있다. 환경미화원이 하는 일이 사회적으로 중요하고 필요한 일임을 보여주는 단적인 예이다.

반면에 드라마나 스포츠는 어떤가? 우리를 즐겁게 해주긴 하지만 당장의 삶에 문제가 생기는 것은 아니다. 그런데도 배우나 운동선수가 환경미화원보다 더 많은 연봉을 받는 이유는 그들이 속한 업종에서 생산되는 경제적 가치가 크고, 쉽게 대체될 수 없기 때문이다. 즉 몸값에 사회적 가치 여부는 상관이 없다.

우리의 몸값은 이렇듯 다양한 변수에 의해 결정된다. 그러나 어떤 변수가 어느 정도로 작용하는지 칼로 자르듯이 명확하게 파악해 낼 수 없다 보니 어떤 이들은 실제 가치보다 더 많은 돈을 받기도 하고, 더 적게 받기도 한다. 어떤 이들은 자신이 생산한 경제적 가치에 비해 더 많이 받고 있어도 부당한 대우라고 생각한다.

몸값의 원리와 구조를 잘 이해하려면 돈을 버는 방법에

따라서 경제적 가치와 몸값이 어떻게 결정되는지 구체적으로 살펴볼 필요가 있다.

회사원으로 살아남기

2022년 8월 기준, 우리나라 전체 경제활동 인구의 76.5%가 임금노동자라고 하니 이 글을 읽고 있는 상당수가 회사원일 것이다. 아마 대부분이 공감하겠지만 월급은 늘 부족하고 언제까지 일할 수 있을지 몰라서 불안하다. 회사원으로 살아남기 참 쉽지 않다.

자본주의 경제 체제에서 회사원은 '비용'이다. 1970~1990년대에 회사를 다닌 부모님 세대는 자신이 회사의 주인이고 회사도 자신을 보호해 줄 거라 믿어 충성을 다 했지만, IMF 외환위기를 겪으며 사람들은 회사원은 회사의 주인이 아니라 회사의 '도구'라고 생각하게 되었다.

'회사원은 회사의 도구'라는 표현에 너무 기분 나빠하지 말자. 반대로 회사원 입장에서는 회사가 도구가 될 수 있다.

개인에게도 회사가 도구가 될 수 있는 이유는 회사생활에서 쌓은 경험으로 자신의 능력을 키울 수 있기 때문이다. 회사에서 일한 이력은 더 좋은 조건으로 이직할 수 있는 선물이 되기도 한다. 그뿐인가? 복지가 잘되어 있는 회사라면 개인으로 일하는 것보다 훨씬 더 많은 것을 누릴 수도 있다.

사람을 생각하는 회사의 복지제도?

앞서 돈을 많이 벌려면 '사람'을 먼저 생각해야 한다고 했다. 그 말을 오해하진 말자. 배려심을 갖춘 좋은 사람으로 개조되어야 한다는 뜻이 아니다(물론 그런 사람들이 많아지면 좋겠지만 치열한 경쟁 속에서 그렇게 되기 힘든 것 또한 현실이다). 그런 배려는 본인에게 유익하지 않고 지속 가능한 수익 기반을 망칠 수 있다. 여기서 '사람'을 생각해야 한다는 의미는 '일의 효율을 높이기 위해 서로의 성향을 이해하면서 원만하게 합을 맞춰야 한다'는 정도의 뜻을 내포하고 있다.

회사들이 복지제도를 운영하는 것도 이와 같은 맥락에서 이해할 수 있다. 왜 많은 회사가 사원들에게 복지를 제공하고 저금리 대출까지 해주는 걸까? 사람을 생각하는 기업이라서? (이런 마음가짐의 사업가들이 많을 거라 믿어 의심치 않는다) 기업들이 복지제도를 유지하는 이유는 능력 있는 좋은 직원을 오랫동안 근속시킬 수 있기 때문이다. 그리고 복지제도는 연봉을 높이는 것보다는 돈이 덜 드는 것도 사실이다.

계산을 해보자. 직원이 1,000명인 회사에서 직원 모두에게 급여를 월 100만 원씩 올려주면 연 120억 원이 든다. 금액도 금액이지만 더 큰 문제는 모든 직원을 똑같이 월 100만 원씩 올려줄 수 없다는 것이다. 신입사원에게 월 100만 원을 올려준다면 팀장 또는 임원에게는 그 이상을 인상해야 하기에 연 120억 원 이상의 비용이 증가한다.

그렇다면 급여 인상을 대신하여 복지제도를 운영하는 것은 얼마의 비용이 소요될까? 복지 내용에 따라 다르겠지만 분명한 사실은 어떠한 복지제도를 도입해도 연간 120억 원 이상은 들지 않는다는 것이다.

대기업의 주요 복지제도, 즉 사내 유치원, 콘도 등의 회원권, 연간 일정 금액의 자기 계발 비용, 자녀의 학비 지원, 경조사 비용 및 서비스 제공 등과 같은 복지제도는 수익과 무관하게 비용만 드는 제도들이다. 그러나 이 혜택을 모두 누리는 사람은 그리 많지 않다. 유치원에 보내야 하는 연령대의 아이가 있는 직원은 전체 직원의 10%가 되지 않을 확

률이 높고, 자녀가 대학생인 사람은 그보다 더 적을 것이며, 경조사는 평생 3~4번 정도 생길 테고, 자기 계발 비용도 연간 1,200만 원씩 지급하지 않는 이상 월급 인상보다 비용이 덜 들 것이다.

내 경우를 살펴보면, 나는 대기업에서 2년 정도 일하면서 회사의 콘도 회원권을 한 번 이용한 것과 연간 지급되는 자기 계발 비용 정도가 그나마 직접 수령한 복지였다.

이 외에도 구내식당 운영 등 다양한 복지제도가 있을 수 있지만 제공받는 복지제도를 사용하려면 일정 부분 자기 부담이 있어 순수한 의미의 복지제도라고 하기엔 다소 무리인 경우도 있다. 예를 들어 스포츠 구단이 있는 기업의 경우 무료 경기관람 티켓은 회사에 대한 애사심을 갖게 하기 위한 제도이며, 퇴사하면 이율이 바뀌는 직원 대출 제도는 장기근속을 유도하기 위한 장치이지 순수한 복지제도라고 말하기 어렵다.

'채용의 불공정' 논란이 있던 '임직원 자녀 우선 채용'도 기업에서는 충분히 도입할 만한 제도이다. 장기간 근무한 임직원에게만 허락된 '임직원 자녀 우선 채용' 제도는 '우선 채용'이 아니라 '장기근속'에 방점이 찍혀 있다. 즉 현재 근무하는 직원들을 오랫동안 근무하게 만들기 위한 제도이다.

이 제도를 운용하는 것은 회사로서도 손해는 아니다. 20~30년 정도 장기근속하는 직원이 많지 않을 뿐 아니라 자녀가 같은 업종에 근무하기를 희망하며 능력까지 갖췄을 가능성이 생각보다 크지 않아서다. 채용될 만한 능력을 갖췄다면 우선 채용이 아니어도 채용할 확률이 높고 거기에 더해 장기근속을 한 사람의 자녀라면 더욱 신뢰할 수 있으니 회사의 입장에선 손해일 리 없다. 또 '무조건 채용'이 아니라 '우선 채용'이지 않은가.

대기업이 높은 연봉을 활용하는 방법

현실을 두루두루 살펴보니 역시 회사가 회사원에게 줄 수 있는 가장 큰 복지는 '연봉 인상'이라는 결론에 이르게 된다. 문제는 '이윤 극대화'를 위해 회사는 직원의 연봉을 낮추거나 유지하려 하지, 연봉을 높일 유인은 많지 않다는 데 있다.

대기업은 높은 연봉을 주지만 그건 대기업이 더 합리적이고 선해서가 아니라 능력 있는 사람을 모으려고 연봉을 활용하는 것이다.

기업들은 능력이 뛰어난 인재를 고용하기 위해 연봉을 활

용하지만, 사실 그 연봉의 상한치는 대부분 결정되어 있다. 그래서 동종 업계 기업들은 서로 눈치를 보면서 비슷한 수준의 연봉을 유지하거나 그보다 조금 더 높게 연봉을 제시하여 인재를 채용하곤 한다. 이런 연봉 결정 방식 때문에 회사원의 연봉이 높아지는 데는 한계가 있다.

이러한 흐름을 역전할 수 있는 유일한 방법은 채용된 회사에서 최대한 능력과 경험을 쌓는 것이다. 같은 회사에서 일을 시작했더라도 경험과 능력치는 어떠한 방식으로 일하느냐에 따라 다르게 개발된다. 그리고 경험과 능력을 잘 축적한 사람들은 그 조직 안에서 그에 걸맞는 대우를 받거나 더 좋은 대우를 받는 회사로 이직할 수 있게 된다.

광고대행사에서 나와 같이 근무했던 A라는 친구도 그런 사례였다. 2017년 A가 취업했을 당시 연봉은 2,000만 원 초반이었다. A는 외국계 회사의 일을 담당했지만, 영어 메일을 능숙하게 쓰거나 세련되게 커뮤니케이션할 정도는 아니었고, 경쟁 PT에 필요한 자료를 그럴듯하게 만들 줄도 몰랐다. 대행사는 업무 특성상 경쟁 PT가 코앞이면 늦은 밤까지 제안서를 쓰곤 했는데, 그런 일이 자주 있다 보니 건강이 점점 안 좋아졌다. 그러다 입사한 지 1년이 되는 날 A는 퇴사하겠다고 했다.

이때 A가 퇴사를 바로 했다면 어떻게 되었을까? A는 1년의 경력으로 이직을 시도했지만 고용주 입장에서 이력서상의 1년의 경력은 그리 매력적이지 못하다. 언제 그만둘지 모르는 사람이라고 평가할 수 있어서 연봉 협상에 유리하지도 않다. 대표와 나는 지금 1년의 경력이 아까우니 3년을 채우면 어떻겠느냐고 설득했고 A는 결국 회사에 남았다.

이후 3년차에 A는 외국계 종합광고대행사로, 그 다음에는 업계 2위의 종합광고대행사로 이직해 해당 분야에서 계속 일하고 있다. 영어 실력은 물론, 전반적인 업무 능력이 꾸준히 성장하여 A는 예전과는 완전히 다른 사람이 되어 있었다. 연봉과 처우에 있어서도 과거와 완전히 다른 상황에서 일하고 있다. 상황이 그렇게 바뀌는 데는 5년이 채 걸리지 않았다.

물론 모두가 A와 같을 순 없다. A가 처음 사회생활을 시작한 광고대행사가 당시엔 낯설었던 디지털 마케팅 작업을 시도했고, 그 분야에는 경력이 오래된 이들이 많지 않아서 A가 5년 안에 변화를 만드는 것이 가능했을 수도 있다. 설사 그렇더라도 A가 능력이 없었다면 대기업 종합광고대행사에서 그를 채용하지는 않았을 것이다.

힘들게 일만 하지 말고 회사 생활에서 자신의 이득을 최

대한 챙기기를 바란다. 회사 비품이나 간식을 몰래 가져가
라는 말이 아니다. 그 회사에 소속되어 할 수 있는 경험과 쌓
을 수 있는 이력 및 교육을 최대한 받으라는 것이다. 그래야
회사 안에서 살아남거나 더 나은 삶을 위해 이직할 수 있다.

대기업과 중소기업은 서로 다른 종목

첫 취업이든 이직이든, 직장은 어떠한 기준으로 선택해
야 할까? 대부분 중소기업보다 연봉과 복지제도가 좋은 대
기업을 선택할 것이다. 이때 사람들은 대기업과 중소기업이
완전히 다른 종목이라는 사실을 간과한다. 같은 구기 종목
이지만 농구와 축구는 규칙은 물론이고 잘하기 위해 요구되
는 능력도 완전히 다르다. 이처럼 대기업과 중소기업은 '기
업'이라는 사실만 같고 나머지는 모두 다르다. 대기업이 연
봉도 복지제도도 좋지만 20~30년 후까지 생각한다면 직장
을 선택하는 기준은 달라질 수 있다.

대기업에서 직원은 철저히 '부품'이다. 대기업에 다니는
사람 중에는 업무 기회와 그 결과가 순수하게 본인의 능력
덕분이라 생각하는 사람들이 있는데, 회사를 나오는 순간

깨닫게 될 것이다. 자기 능력보다 회사의 배경 덕분이었다는 것을 말이다. "회사 안이 전쟁터라면 밖은 지옥"이라는 표현이 괜히 있는 게 아니다.

대기업에서 직원은 언제든지 대체될 수 있어야 한다. 만약 한 사람이 퇴사함으로써 회사가 흔들리게 된다면 큰일이지 않은가? 그래서 회사는 업무 분담을 통해 어떤 상황에도 누구든지 대체할 수 있는 시스템을 만들어 안정적으로 지속하려 한다. 만약 본인은 대체 불가능한 존재라고 생각한다면 대기업 회장들을 생각해 보라. 그들이 불미스러운 일로 감옥에 갔을 때 그 회사가 망했는지 말이다. 그들 없이도 회사는 잘 돌아갔다는 사실을 기억할 필요가 있다.

사실 나는 SK텔레콤에 다닐 때 대체 불가능한 일을 하고 있다고 생각했다. 당시 SK텔레콤은 '매니저'라는 호칭을 도입하여 연차에 상관없이 (표면적으로는) 능력에 따라 일을 하는 '매니저 제도'를 운영했는데, 그런 자유로운 분위기에서 나는 '대학생 리포터 프로그램'을 기획했다. 내가 속한 홍보실에 이런 프로그램을 만들거나 운영해 본 사람이 없었던 터라 대학생 시절 기업 프로그램에 여러 차례 참여해봤던 나에게 실장님이 비슷한 프로그램을 만들어 운영해 보라고 한 것이다.

그런데 그해 12월 로스쿨에 합격하게 되어 퇴사하게 되었다. 퇴사할 당시에는 내가 없어서 프로그램 운영에 문제가 생기면 어쩌나 걱정했는데, 내가 퇴사한 이후에도 이 프로그램은 8년이나 운영이 되었고, 'T프렌즈'로 이름을 바꾸어 지금까지도 잘 운영되고 있다. 대체 불가능하다는 생각은 나만의 착각이었다.

회사에서 대체 불가능한 존재

대기업은 오래 다닐수록 문제가 된다. 주어진 업무에만 최적화되기 때문이다. 주어진 업무에는 전문가가 되겠지만 나이가 들어 회사를 그만두었을 때 그들이 할 수 있는 일은 무엇이 있을까?

완전히 새로운 일을 시작하지 않는 이상 할 수 있는 경제활동이 없고, 자신이 해온 경험을 바탕으로 할 수 있는 일을 찾기도 힘들 것이다. 회사원의 경험과 능력은 조직 안에서 발휘될 때 최적화된다. 퇴사 후 최종적으로 할 일은 치킨집인데 치킨집도 포화상태라 할 것이 없다는 농담 안에 뼈가 있다.

그렇다고 해서 대기업에서 일해본 사람이 중소기업에서 더 좋은 성과를 낼 수 있느냐 하면 꼭 그런 것도 아니다. 앞서 설명한 것처럼 대기업과 중소기업은 완전히 다른 종목이기 때문이다. 대기업은 분업이 철저히 이루어지고 시스템이 갖춰졌지만, 중소기업은 시스템이 확실하지 않은 경우가 더 많다. 시스템이 아닌 사람이 경제적 가치를 창출하는 비율이 높아 사람 한 명 한 명이 회사에 미치는 영향이 더 클 수밖에 없다.

이런 환경에서는 한 업무를 완벽하게 해내는 사람보다 여러 업무를 일정 수준 이상으로 잘하는 사람이 훨씬 좋은 성과를 내고 인정받는다. 그런데 대기업에서 오래 일한 사람들은 한 가지 업무를 잘 해내는 데 최적화되어 있다 보니 중소기업으로 이직하면 그 능력을 발휘하기가 쉽지 않다. 게다가 중소기업은 분업 시스템이 아니어서 절대적인 업무량이 대기업보다 많은 반면, 보통은 매출 규모가 작아 연봉이 대체로 낮다. 그래서 중소기업에 오랫동안 일하지 않으려는 경향이 강하다.

하지만 장기적인 관점에서 중소기업은 대기업이 주지 못하는 것을 줄 수 있다. 중소기업이 시스템이 아니라 사람의 능력 중심이라는 사실을 기억할 필요가 있다. 사람에 대한

의존도가 높다는 것은 한 사람의 노동 강도가 높다는 것이지만 그만큼 대체되기 힘들다는 것도 의미한다. 그래서 중소기업에서 다양한 업무를 익히면 업무 성과를 잘 내는 만큼 인정받고 더 좋은 대우를 받을 수 있다.

중소기업에서 다양한 업무를 진행하다 보면 자연스럽게 회사 전체의 업무 프로세스를 익히게 되는데, 이러한 경험은 자신이 사업을 시작하는 데도 유리하게 작용한다. 사람에 대한 의존도가 높은 중소기업의 특성상 일을 잘하는 사람은 눈에 띌 수밖에 없고, 능력을 갖춘 사람이라면 사업을 해보라고 도움을 주는 사람이 나타나거나 그와 비슷한 기회가 찾아올 수도 있다.

대기업 vs 중소기업

그렇다고 해서 중소기업에서 일하는 것이 사업을 시작하기에 무조건 유리하다는 것은 아니다. 중소기업에서 쌓은 경험과 능력은 분명 사업을 시작하는 데 도움이 되지만 사업을 키워나가기 위한 시스템을 만드는 데 큰 도움은 되지 않는다. 사업이 일정 규모 이상으로 성장하려면 자본을 투자해서 시스템을 만들어야 하는데, 이 시점에는 대기업에서의 경험이 더 도움이 된다.

이처럼 중소기업과 대기업은 완전히 다른 메커니즘으로 돈을 벌고, 사람의 능력도 다른 방향으로 개발된다. 각자의 성향에 따라 대기업보다 중소기업에서 일을 하는 것이 자기계발하는 데 도움이 될 수도 있고, 중소기업보다는 대기업에서 일하는 게 더 잘 맞을 수도 있다.

분명한 것은 어느 회사에서 일을 하든 본인의 능력이 계발되고 있어야 한다는 것이다. 어렵게 취업했어도 개인이 발전할 수 있는 환경이 조성되어 있지 않고, 회사에서의 경험을 바탕으로 미래에 할 수 있는 일도 보이지 않는다면 그만두는 편이 더 나을지도 모른다.

프리랜서의 돈벌이

　프리랜서로 살면서 받는 가장 큰 오해는 '프리랜서는 프리한 삶을 산다'는 것이다. 프리랜서는 자유로울 수 없다. 조금 더 정확하게 말하면 '극소수' 프리랜서를 제외한 대부분의 프리랜서는 자유로울 수 없다.

　프리랜서가 자유롭기 힘든 까닭은 각종 법제도의 테두리 안에서 보호받는 회사원과는 달리 외딴섬처럼 혼자 일하면서 돈을 벌어야 하기 때문이다. 정부는 「최저임금법」, 「근로기준법」, 「노동조합 및 노동관계 조정법」을 통해 노동자를 보호하고 회사가 지켜야 하는 기본적인 원칙을 정해두었지만 프리랜서는 그러한 보호를 전혀 받지 못한다. 프리랜서는 법적으로는 노동자가 아니라 사업자이기 때문이다.

　프리랜서는 법인을 설립하지 않고 사업을 하는 최소의

독립 개체이다. 그렇다고 프리랜서가 일반 사업자와 완전히 같은 것도 아니다. 일반 사업자는 시설과 장비를 갖추어야 해서 기본 투자 비용이 필요하지만, 프리랜서는 시설이나 장비 없이 기업 또는 단체와 계약을 해서 돈을 번다. 그래서 프리랜서는 세금을 정산할 때도 비용을 쉽게 인정받지 못한다. 이것이 일반 사업자와 프리랜서의 다른 점이다.

지정된 시간에 출퇴근하지 않아서 일면 자유로워 보이지만, 대신 마감이 있다. 밤샘이든 주말이든 마감을 맞추야 하기 때문에 프리랜서는 결코 일에서 자유롭지 않다. '자유로이 원하는 누구와 계약할 수 있다'는 건 곧 '자유롭게 계약을 해지할 수 있다'라는 의미이기도 하다. 프리랜서는 언제든지 대체될 수 있어서 꾸준히 일하기 위해서라도 최선을 다해 성과를 내야 한다. 성과가 이력이 되고 이력이 쌓여야 새로운 계약이 생긴다.

프리랜서도 결국은 비용

프리랜서에 관한 또다른 오해는 '나만의 일'을 한다는 것이다. 그런데 사실상 기업이 프리랜서와 일하는 이유는 비

용을 줄일 수 있어서다. 대다수 프리랜서는 일을 의뢰한, 소위 말하는 '갑'의 요구사항에 맞춰서 일을 해야 한다. 또한 상대가 제시하는 비용에 맞추어 일을 해야 하는 경우가 많아 수년이 지나도 같은 일을 같은 수준의 돈을 받고 일하곤 한다. 한 예로 10년 경력의 언론사 기자였는데도 프리랜서로 독립을 하자 10여 년 전에 프리랜서 기자들이 받던 원고료와 같은 수준의 원고료를 받고 있다는 이야기도 들은 적이 있다. 비슷한 일을 하는 프리랜서들이 많을수록 프리랜서의 보수는 올리기 어렵다. 그리고 경력이 많다고 해서 작업비용을 올려달라고 쉽게 요구할 수도 없다.

요즘엔 프리랜서 매칭 플랫폼을 통해 프리랜서의 첫걸음을 내딛기도 하는데, 개인적으론 추천하지 않는다. 관련 경력이 많지 않은 이상 프리랜서 일을 잡기 힘든 것은 이해하지만 플랫폼을 통하다 보면 제 살 깎아먹기를 할 수밖에 없고 그 안에서 쌓인 이력은 더 많은 작업비를 받는 기회로 연결되기가 쉽지 않다. 예를 들어 주로 프리랜서 플랫폼을 통해 작업을 한 영상 편집자와 제작사에서 일한 경력의 프리랜서 영상 편집자가 있다면 누가 선택받기 쉬울까? 누가 잘할지 모르는 상황에서 새로운 프리랜서와 계약해야 한다면 아마 제작사는 믿을 만한 조직에서 경력을 쌓은 사람과 일하려 할 것이다.

진화하는 프리랜서의 세계

프리랜서를 하고 싶다면 짧게라도 관련 분야의 회사에서 경력을 쌓으면 좋다. 조직과 업계에 대한 이해가 있으리라 신뢰를 줄 수 있고, 프로젝트를 발주하는 기업이나 단체의 내부 상황과 프로세스에 대한 이해 부족으로 생기는 시행착오를 줄일 수 있기 때문이다.

프리랜서로 살아가고자 하는 사람은 일만 잘해서도 안 된다. 일을 잘 해내는 것도 중요하지만 자신에게 일을 주는 기업이나 단체와 관계를 좋게 유지하기 위한 커뮤니케이션 능력도 갖춰야 한다. 일은 대개 사람을 통해 들어온다.

여기에 더해 프리랜서는 작업 분야의 경제 상황에 따라 일이 많을 때도, 갑작스럽게 줄어들 때도 있어 일희일비하지 않고 잘 버텨낼 수 있는 멘탈을 갖추어야 한다.

작업 능력에 더해 기업 또는 단체와 계약 및 영업, 관계 유지를 위한 노력뿐 아니라 비용 정산까지 다해야 하는 현실이라니. 그래서 일정 수준의 경력이 쌓이면 프리랜서들은

혼자만의 힘으로는 한계를 느껴 다른 사람을 고용해서 자신만의 시스템을 만든다. 그리고 자신과 다른 역할을 할 수 있는 프리랜서나 중소기업과 팀을 이루어 프로젝트를 따내는 방식으로 몸값을 높인다.

이러한 패턴은 요즘 유튜버들 사이에서 나타나고 있다. 유튜브 초기에는 유튜버 혼자 콘텐츠를 만드는 사람이 많았다. 하지만 이제 일정 수준 이상으로 자리 잡은 유튜버들은 팀을 만들어 일을 한다. 그 수준을 넘어 유튜버를 도와 콘텐츠 만드는 MCN✤ 회사까지 생기고 있다. 개인 프리랜서가 살아남기 쉽지 않은 이런 고도로 조직된 시장에서 프리랜서들은 필연적으로 회사원이 되거나 자신의 회사를 차려야 하는 선택의 갈림길에 서게 된다.

프리랜서의 삶이 매력적이긴 하지만 나도 이런 프리랜서의 삶을 계속 이어 나갈지는 자신 없다. 누군가가 프리랜서로 나서겠다면 일단 진지하게 생각해 보라고 한다. 그래도 굳이 프리랜서를 해야겠다면 경력이 쌓일수록 몸값이 올라가는 분야로 잘 선택해야 한다.

✤ 크리에이터 대신 저작권, 마케팅, 프로모션, 회계 등 관리 업무를 대신 처리하는 기획사를 말한다.

힘드니까 프리랜서다

    대부분의 프리랜서는 돈벌이가 힘들다. 2020년 통계청이 공개한 경제 활동 인구 조사에 의하면, 프리랜서의 월 평균 소득은 183만 원으로 정규직 근로자 월평균 급여 323만 원보다 훨씬 적고 비정규직 근로자의 월평균 급여 171만 원보다 조금 높았다. 프리랜서의 평균 경력은 6년이 채 되지 않았는데, 이는 프리랜서로 6년을 버티기 힘들다는 의미이다.

    회사생활이 힘들면 프리랜서로 자유롭게 일하면 좋겠다는 생각이 들 수 있지만 프리랜서의 삶이 마냥 자유로운 것은 아니다. 고정 수입을 안겨주는 회사생활을 해본 프리랜서는 일 년에 몇 번씩 '회사로 돌아갈까?' 고민하며 산다.

    돈벌이는 어느 곳이나 힘들다. 다만 나는 조직 생활에 갑갑함을 느꼈고 성향상 다양한 일을 해볼 수 있는 프리랜서의 삶이 잘 맞았다.

지속 가능한 스타들의 세계

프리랜서 중 연예인과 운동선수는 돈벌이의 메커니즘이 조금 다르다. 프리랜서들은 대부분 의뢰자에게 필요한 기능을 제공하여 돈을 버는 터라 기업에 종속적일 수밖에 없지만 연예인과 운동선수는 시장의 주요 행위자로서 돈을 번다. 그들은 본인이 곧 상품이자 광고판이다. 따라서 문제가 생기면 연예인과 운동선수는 본인이 직접 손해를 입는다.

예술과 기술의 차이

연예인과 프로 스포츠 선수들이 돈을 버는 원리를 이해하려면 '예술'과 '기술'의 차이를 살펴볼 필요가 있다. 예술은 '독특한 표현양식에 의하여 의식적으로 아름다움을 창조해 내는 활동'을 말하고, 기술은 '만들거나 짓거나 하는 재주 또는 솜씨'를 의미한다. 두 단어의 차이는 예술은 기술이 있어야 하지만 기술이 있다고 모두 예술은 아니라는 데서 찾아볼 수 있다.

'예술'의 핵심은 '독특한 표현'과 '아름다움의 창조'에 있다. 그런데 '독특'하거나 '아름답다'는 것은 매우 주관적이다. 누군가에게는 독특하지만 다른 사람에게는 평범할 수 있다. '예술'은 이처럼 개인의 '주관'이 많이 개입된다. 예술가들은 자신의 지식과 기술을 통해서 자신이 만족할 때까지 결과물을 만들어 내고, 그 결과물이 운 좋게도 많은 사람의 관심을 받으면 돈을 많이 벌게 된다. 운이 좋지 않다면 그 반대겠지만.

이와 달리 '기술'에는 주관적인 요소가 없다. 기술은 특정한 기능의 완수를 목적으로 한다. 기술은 누군가의 요청에 맞춰 작업을 해야 하기에 기술자는 아름다움과 독특함보다는 상대가 '무엇을 원하는가?'에 초점을 맞춰서 기술을 발휘한다.

프로와 아마추어의 차이

이 구분은 아마추어와 프로에서도 똑같이 이루어질 수 있다. 같은 활동이어도 아마추어는 자신을 위하여, 프로는 다른 사람을 위하여 활동한다는 차이가 있다. 가령 조기축구회는 축구가 좋아서 자기 돈과 시간을 소비하면서 활동하지만 프로 축구선수는 돈을 받으면서 하는 직업이다. 프로 운동선수들은 자신만을 위한 운동이 아니라 입장료를 낸 관중과 팬을 염두에 두고 운동한다.

연예인도 마찬가지다. 많은 연예인이 팔리는 상품으로 기획된다. 기획사에 의해 트레이닝을 받고, 기획과 콘셉트에 맞춰 노래하거나 연기하는 것이다. 그렇다면 그들은 예술가일까? 뛰어난 기술가일까? 경제적인 관점에서 봤을 때 그들은 예술가가 아니라 기술자이다. 만약 예술이 목적이라면 본인이 생각하는 아름다운 결과물을 만들기 위해 노력하겠지만 연예 활동의 주된 목적은 돈과 인기인 경우가 많다.

물론 모든 연예인이 그렇지는 않다. 그들 중에는 개런티와는 상관없이 비주류 작품에 출연하거나 자신만의 색이 담긴 노래를 부르는 이들도 있다. 또 그런 연예인 중에도 대중의 사랑을 받는 이들이 있으니 모든 연예인이 기술자라고 할 수는 없다. 하지만 최근 연예 활동은 예술보다는 기술에 가까워진 게 사실이다. 이는 연예인을 깎아내리는 것이 아니다. 우리나라처럼 경쟁이 심하고 까다로운 시장에서는 성공하기 위해 엄청난 노력이 필요하다. 자본주의 사회에서 대중의 취향을 사로잡을 수 있을 만큼의 기술을 연마하는 데 들어간 노력은 존중받아야 한다.

연예인과 운동선수는 걸어 다니는 광고판

예술과 기술, 아마추어와 프로의 차이는 연예인과 프로 운동선수의 돈벌이 원리를 설명해준다. 연예인과 프로 운동선수는 대중의 지지를 받아야 돈을 벌 수 있으므로 자신의 모든 것을 대중에 맞추게 된다. 가수들은 히트 공식에 맞춘 노래를 부르고, 연기자들은 트렌디한 작품을 선택하고, 운동선수들은 시합에 발탁될 수 있게 부단히 노력한다. 이들은 누구보다 자신의 팬을 항상 의식한다.

시장을 살펴보면 조금 더 분명하게 알 수 있다. OTT✤에 들어가서 정주행하기 위한 드라마를 선택한다고 생각해 보자. 그 첫 번째 기준은 무엇일까? 일단은 배우를 보고 작품을 선택할 것이다. '믿고 보는 배우'라는 표현이 나온 이유이다. 제작사나 방송 매체에서는 작품을 팔기 위해 이와 같은 믿고 보는 배우, 즉 잘 팔리는 배우를 선택하려 한다. 그 과정에서 경쟁이 붙으면 배우의 몸값은 자연스럽게 상승한다. 가수도 마찬가지다. 처음에는 음악이 좋아서 찾아 듣지만, 시간이 흐르면 그 음악을 부른 가수가 좋아져서 음반을 구입하고 콘서트를 찾아가기도 한다.

인기가 많아져 매력적인 상품이 된 연예인과 운동선수는 자연스럽게 광고판이 된다. 잘나가는 연예인과 운동선수만큼 대중의 시선이 머무는 곳도 없다. 광고가 연예인과 운동선수에게 몰리는 이유이다.

OTT 서비스가 생기기 전까지 방송사에서 드라마 제작비를 회수할 수 있는 주된 방법은 광고였다. 그런데 과거에 비해서 TV를 잘 안 보게 되자 TV 광고 단가는 계속 낮아졌

✤ Over The Top, 인터넷을 통해 방송 프로그램·영화·교육 등 각종 미디어 콘텐츠를 제공하는 서비스를 말한다.

고, 반대로 드라마에서의 제품 간접 광고Product PLacement(이하 PPL)는 자주 등장하게 되었다. 사람들은 과도한 PPL에 불평하지만 사실 제작사나 방송 매체들은 적자를 내지 않기 위해서라도 PPL을 넣을 수밖에 없는 상황에 자주 처한다.

드라마에 출연할 배우를 섭외할 때 배우의 인기를 고려할 수밖에 없는 이유도 대중의 관심을 끄는 가장 쉬운 방법이기 때문이다. 드라마를 찾아서 보게 만드는 배우는 흔치 않으니 그런 배우는 희소성을 갖게 되고 따라서 몸값도 오른다. 그래서 연기력이 부족해도 유명한 아이돌 스타를 캐스팅하는 것은 경제적인 측면에서는 당연하다. 특히 해외에서 인기가 있는 아이돌이나 배우를 캐스팅하면 OTT 서비스나 수출 가능성이 높아지므로 많은 돈을 주더라도 그들을 섭외할 수밖에 없다.

'드라마가 뭐 그리 큰 경제적인 효과가 있다고 드라마 앞뒤 광고에 기업들이 몰리고 PPL을 하려고 난리일까?' 싶을 수도 있다. 그런데 생각해 보자. 우리나라에서 드라마 시청률 10%면 500만 명이 그 드라마를 본다는 의미고, 1%는 50만 명이 보는 것이다. 한 번에 50만 명이 특정 기업의 광고를 보게 만드는 건 쉬운 일이 아니다. 이만큼 효과적인 광고판을 찾기가 쉬운가.

한편 스포츠는 경기 입장권 수입이 생각보다 큰 비중을 차지하지 않는다. 대기업들이 마케팅이나 사회공헌 차원에서 프로 스포츠 구단을 운영하는 우리나라는 물론이고 프로 스포츠 구단들이 수익을 내는 외국에서도 마찬가지이다.

국가와 리그별로 차이가 있지만 자체 수익 모델이 있는 스포츠 구단이라 해도 전체 수입 중 입장료 수입이 차지하는 비율은 10~40%에 불과하다. 입장료 수익 외에 프로 스포츠 구단들은 유니폼과 경기장에 부착되는 스폰서 광고를 통해 상당한 수입을 올린다.

이외 프로 스포츠 구단 수입의 40~60%가 중계권료이다. 방송국이나 기타 미디어들은 높은 수익을 예상하고 중계권료를 지불한다. 그리고 그 중계권료는 기업들의 광고를 통해 충당한다. 이처럼 중계권료는 광고 수입의 성격을 띠고,프로 스포츠 구단 수익의 절반 이상은 광고를 통해서 나온다.

그렇다면 스포츠 스타들은 정말 그만큼의 경제적 가치가 있을까? 답은 '그렇다'. 2008년 아랍에미리트의 만수르가 영국 프리미어리그의 맨체스터 시티 구단을 1억 5,000만 파운드(약 2,000억 원)에 사들인 이후 여러 부호가 프리미어리그 구단을 인수하기 시작했다. 프리미어리그 구단들이 유명선수들을 영입할 수 있을 만큼 재정이 넉넉해지자 사람들은 프리미어리그를 많이 찾아보게 되었고 이 과정에서 프리미어리그 중계권료는 어마어마하게 올라 2022년부터 2025년까지 프리미어리그의 중계권료는 약 63억 2,000만 유로(약 8조 940억 원)를 기록했다. 스포츠 스타들이 엄청난 경제적 가치를 만든 것이다. 스포츠 스타의 연봉이 천문학적으로 올라가는 것은 이 때문이다.

스타 몸값을 결정하는 시장의 규모

연예인과 스포츠 스타의 몸값을 가로 짓는 결정적인 요소는 '시장의 규모'다. 시장에서 관심을 받을수록 몸값이 올라간다. 프리미어리그 중계권료가 천문학적인 수준을 기록할 수 있었던 것도 전 세계 거의 모든 나라에서 프리미어리그를 보려 하기 때문이다.

배우나 가수도 전 세계에서 관심을 받는 할리우드 배우의 몸값이 확연히 높다. 그 차이는 광고 수입에서 분명하게 드러난다. 광고 수입이 많은 국내 연예인이 보통 편당 10억 원 정도를 받는데, 할리우드 배우 샤를리즈 테론은 크리스찬 디올과 2011년 5,500만 달러(약 621억 원), 줄리아 로버츠

는 랑콤의 광고 모델로 2010년 5,000만 달러(약 564억 원), 조지 클루니는 2006년 네스프레소와 4,000만 달러(약 452억 원)에 계약하고 연장을 거듭하며 지금까지 광고 모델로 활동하고 있다. 광고 단가가 이처럼 차이가 나는 것은 한국 연예인은 5,000만 한국인을 대상으로 광고를 찍지만 할리우드 스타들은 전 세계 사람들에게 영향을 미치기 때문이다.

기업들은 높은 광고 출연료를 지급하면서 그들을 광고 모델로 기용해 그만큼의 높은 매출과 수익을 기대한다. 이러한 경제적 가치는 개인의 힘과 노력으로 만들어진다기보다 자본주의 체제의 시장 운영 방식과 시스템에 의해 만들어진 것이다. 이런 사례들은 자본주의 체제가 시장을 얼마나 크게 확장할 수 있는지 단적으로 보여 준다.

생태계를 파괴하는 연예인과 운동선수의 수입 양극화

연예인과 스포츠 스타의 몸값이 기하급수적으로 증가하는 것은 장기적인 관점에서 봤을 때 바람직하다고 보기 어렵다. 자칫 이들의 몸값이 업계 전체 생태계를 망가뜨릴 수 있기 때문이다. 실제로 드라마 업계에서 그러한 일이 벌어지고 있다. 넷플릭스나 애플 TV와 같은 글로벌 OTT 서비스가 한국에 진출하여 한국 작품을 적극적으로 구입하는 현상은 일면 좋게 보이지만 부작용도 만만치 않게 발생하고 있다.

글로벌 OTT 서비스들은 한국 방송사들과는 완전히 다른 시장을 상대한다. 전 세계를 대상으로 서비스를 제공하므로 한국을 주요 시장으로 삼는 한국 방송국과는 시장 규모에서 엄청난 차이가 있을 수밖에 없다. 그렇다 보니 그들은 작품 제작비를 큰 어려움 없이 투자한다. 하지만 그에 따라 배우의 몸값도 올라가다 보니 드라마 제작비용도 덩달아 올라가고 있다. 2016년에 방영된 드라마 〈태양의 후예〉는 당시에도 제작비가 많이 든 축에 속해 총 130억 원의 제작비가 들었다. 그러나 6년이 지난 현재 드라마 제작비는 평균 120억 원 정도이고, 150~200억 원이 드는 작품도 어렵게 찾아볼 수 있다. 최근 글로벌 OTT 서비스에 편성된 작품의 주연 배우, 작가, 감독의 몸값만 회당 20억 원(16부로 제작되면 총 320억 원)에 달하는 것으로 알려졌는데 국내 방송국이 감당할 수준을 넘어섰다.

작품 하나만 그런 것이라면 그리 큰 문제가 아니지만 문제는 글로벌 OTT 서비스에서 독점 편성되는 드라마의 출연

료가 업계 기준이 되다 보니 국내시장을 타깃으로 하는 국내 OTT 서비스나 방송국은 배우들의 치솟은 비용을 감당할 수가 없다는 것이다. 현재 국내 방송국은 평균 회당 제작비가 8~10억 원 이상 되는 드라마(16부로 제작하면 128억 원 이상)를 제작하기보다 회당 제작비가 2억 원이 되지 않는 예능을 제작·편성하는 방향으로 전략을 수정하고 있다. '왜 이렇게 예능이 많지?'라는 의구심을 가졌다면 그건 과거 드라마로 채웠던 편성을 예능으로 대체하고 있기 때문이다.

한국 드라마 제작비는 미국 드라마의 5분의 1 수준이라서 괜찮지 않냐고 하지만 이는 미국과 한국의 시장 규모를 고려하지 않은 주장이다. 미국의 국내총생산(이하 GDP)은 23조 달러를 넘는 반면 한국의 GDP는 1조 8,000억 달러에 불과하다. 거의 13배에 이르는 경제 규모의 차이에 드라마 제작비는 5배 차이가 난다면, 이미 국내 드라마 제작비는 과도하게 높은 편이 아닐까? 한국 드라마 중에는 세계적으로 주목받는 작품도 있지만 그렇지 않은 작품이 훨씬 많다. 한국 드라마 제작비는 한국의 경제 규모에 비해서 이미 너무 높은 수준을 기록하는 것으로 보인다.

제작비 상승으로 드라마 제작 편 수가 줄어든다면 이것도 문제이다. 이 분야 생태계가 무너질 수 있기 때문이다. 드라마 제작이 줄어들면 배우는 물론이고 작가, 감독과 현장 스태프도 일이 줄어든다. 이러한 흐름이 지속되면 제작사도 줄어들어 결국 K-DRAMA는 몇 년 지나지 않아 내리막길을 걸을 수도 있다. 배우의 지나친 출연료가 문제가 아니라 높은 제작비는 업계 생태계에 주는 영향이 지대하므로 진지하게 고민해야 한다. 이 흐름이 계속되면 결국 배우도 연기할 기회가 줄 수밖에 없다.

연예계와 프로 스포츠업계의 안전장치

이러한 현상은 프로 스포츠에서 이미 오래전에 나타났다. 그래서 프로 스포츠 리그들은 대부분 최저연봉 기준을 정하고 '샐러리 캡salary cap'✤이라는 제도를 도입하고 있다. 이 제도는 일부 구단이 압도적인 자금력으로 최고 선수들만 끌어모으는 것을 방지하기를 위해 도입되었지만 스타가 아닌 선수들의 생계 해결을 위한 목적도 있다.

그렇다면 배우에 대한 안전장치는 없을까? 미국에서는

✤ 샐러리 캡은 구단이 지출할 수 있는 연봉총액을 제한하는 팀 연봉 상한제를 말한다.

'배우와 방송 및 라디오 출연자 조합The Screen Actors Guild - American Federation of Television and Radio Artists'에서 회원들이 출연하는 광고를 방영되는 도시의 개수와 매체에 따라 등급을 매겨 비용을 정하는 등 조연이나 조연급도 되지 않는 연기자들도 일정 수준 이상의 수입을 받을 수 있도록 장치를 마련하고 있다.

스타의 상품성은 연예계와 프로 스포츠 업계의 존속을 위해 필요하며 그것은 철저히 대중의 관심에 따라 결정된다. 대중의 인기가 극소수 연예인과 운동선수에게 몰리고, 이에 따라 수입이 결정되다 보니 대중을 끌어들이는 힘이 약한 연예인과 운동선수는 극단적이라 할 만큼 금전적 보상이 적다. 연예인과 운동선수의 수입 양극화가 그 어느 업종보다 심한 것이다.

국세청이 제출한 자료에 따르면 2017년도 귀속 소득 중 전체 가수의 1%에 해당하는 28명이 벌어들인 소득이 1,365억 원을 기록했는데, 이는 전체 가수의 소득을 합한 금액의 48.7%에 해당하는 액수였다. 이러한 양상은 운동선수에게도 그대로 나타나 2017년도 귀속 소득 중 운동선수 상위 1%가 벌어들인 소득이 2,605억 원으로 운동선수 전체 소득의 55.3%이었다. 상위 1%가 전체 소득의 50%를 차지하는 현상은 한

국만이 아니다. 미국의 콧츠 베이스볼 콘트랙트Cot's Baseball Contracts에 의하면 메이저리그 선수 중 상위 10%가 받은 연봉이 메이저리그 선수 전체의 55.8%를 차지했다. 이러한 현상은 해가 지날수록 심해지고 있다.

연예계와 프로 스포츠 업계는 이제 안전장치가 있어야 산업이 유지될 정도이다. 큰돈을 끌어오는 건 스타지만 스타만으로 업계가 유지되지는 않는다. 영화와 드라마에는 다양한 배역이 있고 스타 선수 한 명이 모든 역할을 할 수는 없다. 다른 산업과 마찬가지로 연예계와 프로 스포츠계에도 여러 사람이 필요하고 시스템이 잘 운영되려면 엄청난 스타가 아니어도 생계가 어렵지 않을 만큼의 안전장치가 있어야 한다.

자본주의 시장 밖에서 살아남기

　우리는 시장 안에서 경제활동을 하고, 그 경제활동은 경제적 가치를 창출하고, 우리는 그중 일부를 자신의 몫으로 나눠 갖는다. 하지만 시장이 곧 국가나 사회는 아니라서 시장 경제 질서가 아닌 공공의 영역에 편입되는 분야가 있고, 또 그 분야에 종사할 사람이 있어야 한다. 의료, 물, 전기와 같이 사람이 살아가는 데 꼭 필요한 요소를 다루는 영역이 보통 그러한 분야에 포함된다. 우리나라는 공기업인 건강보험공단이 건강보험 전반을 관리하고, 한국수자원공사가 물을 관리하며, 한국전력공사가 전기를 담당하는 등 공공의 영역을 관리한다.

　의료, 물, 전기와 같은 사람이 살아가는 데 꼭 필요한 요소를 공공 영역에서 관리하는 것에 대해서 헌법재판소는

"우리 헌법의 경제질서는 사유재산제를 바탕으로 하고 자유경쟁을 존중하는 자유 시장 경제 질서를 기본으로 하면서도 이에 수반되는 갖가지 모순을 제거하고 사회복지·사회정의를 실현하기 위하여 국가적 규제와 조정을 용인하는 사회적 시장 경제 질서로서의 성격"을 갖고 있기 때문이라고 밝히고 있다.

공공 영역의 운영 법칙

우리나라에서는 공기업들이 담당하는 영역을 민영화한 국가도 있다. 미국의 의료제도는 65세 이상 가입할 수 있는 공공보험제도와 저소득층 정부 지원 제도가 있지만 민간 건강보험 제도를 기본으로 한다. 또 전기는 민영화되어 시장 안에서 가격이 결정되는 반면 상하수도는 국가에서 관리한다. 영국은 의료는 국민건강서비스National Health Service, NHS를 운영하는 반면 전기, 가스, 상하수도 부문은 민영화하여 시장 안에서 가격이 결정된다.

이처럼 각 나라들은 자국의 상황에 따라 공공의 영역을 관리하거나 시장에 맡기는데, 지금까지의 결과를 살펴보면

완벽한 제도란 없는 듯하다. 의료를 공공 영역에서 관리하면 불필요한 의료 서비스가 생겨나고 과잉 진료가 이루어지는 등 국가 재정이 건강보험에 투입되는 일이 발생했다. 민영으로 관리하면 가난한 사람들은 아예 건강보험에 가입하지 않거나 의료 서비스 비용이 치솟는 등 부작용이 생겼다. 물과 전기는 시장에 맡기면 가격이 치솟고 공공의 영역에서 관리하면 건강보험과 마찬가지로 세금이 투입되는 부작용이 발생했는데, 특히 공기업이나 준정부기관에 독점 권리를 주면 방만한 경영 행태가 나타났다.

공공의 영역은 이윤 창출 목적이 아니므로 그곳에서 일하는 개인의 수입은 그다지 높지 않다. 사기업에 비해 연봉이 상대적으로 낮은 공기업은 1990년대까지 인기가 없었다. 하지만 IMF 외환위기 이후 고용안정이 주된 화두로 자리 잡으면서 인기가 높아졌다. 사람인에서 2022년 조사한 바에 따르면 국내 매출액 100대 기업 중 데이터가 확보된 94개 기업의 신입사원 평균 연봉은 5,356만 원을 기록했고, 인크루트에서 2023년 조사한 바에 따르면 공공기관의 신입사원 평균 연봉은 3,944만 원이었다.

이 특징이 가장 분명히 보이는 게 공무원 연봉이다. 공무원 임금은 전적으로 세금에 의지하는데, 문제는 매년 경제 상황에 따라 징수되는 세액이 달라진다는 데 있다. 여기에 세금으로 지급하는 공무원의 임금이 과도하게 높다면 비판 여론이 일 것이 분명하니 정부 입장에서는 공무원의 임금을 최소한의 수준으로 유지할 수밖에 없다.

공무원의 연봉

공무원은 실제 어느 정도의 돈을 받으면서 일할까? 공무원 1급에서 9급까지, 각급 호봉은 23호봉에서 32호봉까지 설정되어 봉급이 차등 지급된다.

실수령액을 기준으로 각급 공무원의 연봉을 살펴보면 2023년 기준, 9급 공무원은 월 177만 원, 7급 월 192만 원, 5급은 월 265만 원이다. 그렇다면 같은 직급으로 20년 이상 일하면 공무원의 월급은 얼마나 달라질까? 9급과 7급 공무원은 30년 동안 일하면 각각 월 338만 원과 월 408만 원을 받고, 5급 공무원은 월 514만 원을 받는다. 대기업 임원에 해당한다고 할 수 있는 1급 공무원의 가장 높은 23호봉에 받는 월급은 732만 원으로 이는 사기업에 비해 현저히 낮은 수준이다.

공무원의 연봉을 사기업과 비교하면 어떤 수준일까? 2022년 사람인에서 진행한 조사에 따르면 우리나라 중소기업 대졸 신입사원의 평균 연봉은 2,881만 원, 전문대 졸업 신입사원은 평균 연봉이 2,749만 원, 고졸 신입사원의 평균 연봉은 2,634만 원이었다. 이를 각종 세금 등을 제외한 실수령액 기준으로 환산하면 대졸 신입사원은 월 215만 원, 전문대 졸업 신입사원은 월 205만 원, 고졸 신입사원은 월 197만 원 수준이다. 대기업의 신입사원 평균 연봉은 5,356만 원으로 약 월 446만 원을 수령한다.

이 기준으로 봤을 때 9급 신입 공무원은 중소기업 고졸 신입사원 연봉과 비슷하고, 7급 공무원은 대졸 중소기업 신입사원, 고등고시에 합격한 5급 공무원은 대졸 중소기업 신입사원과 대기업 신입사원의 중간 정도의 연봉이다.

공무원의 연봉은 부당할 정도로 낮은 편인가? 공무원의 연봉이 높지 않은 것은 분명하다. 하지만 연봉이 결정되는 원리와 공무원의 각급 초봉 수준만 놓고 봤을 때, 비합리적일 정도로 낮다고 할 수는 없다. 이는 사기업에 일하면서도 공무원과 비슷하거나 더 낮은 연봉을 받는 사람도 있기 때문이다. 즉 위에서 제시된 중소기업 신입사원의 초봉은 '평균'이라는 것을 기억해야 한다. 평균 금액이라는 것은 그보다 낮은 연봉을 받는 사람들이 중소기업 신입사원 중 절반은 될 것이란 의미를 내포하고 있다. 그렇게 본다면 자본주의 체제에서의 치열한 생존 경쟁에 노출되지 않고, 경제적 가치를 적극적으로 만들 수 없는 정부에 소속된 공무원이 시장 경제 질서 안에서 일하는 사람과 비슷한 수준의 연봉을 받는다고 해서 '말도 안 되게' 낮다고 하긴 힘들다.

높은 경쟁률을 뚫고 공무원 시험에 통과했다고 해서 또는 실력이 탁월하다고 해서 공무원의 연봉이 높아야 하는 것은 아니다. 자본주의 사회에서 연봉은 개인의 객관적인 능력과 노력보다 그 사람이 속한 시스템이 창출하는 경제적 가치에 따라 결정된다. 세금으로 재원이 마련되는 정부에서 일하는 공무원의 연봉은 낮을 수밖에 없다.

자본주의 시장 경제 질서 밖에 있는 교사와 교수

공무원과 마찬가지로 연봉 수준이 시장에서 결정되지 않아 낮은 수준에 머무는 또 다른 대표적인 직업군이 있다. 바로 교사와 교수이다. 2023년 기준 국공립학교 초임 교사의 연봉은 2,074만 원이고 40년 근속하면 6,815만 원이다. 대학

교수의 경우 2020년 기준 조교수 평균 연봉은 5,353만 원으로 같은 해 대기업 대졸 신입사원의 평균 연봉 5,356만 원과 같은 수준이었다. 이 수치가 '평균'임을 감안하면 대학교 조교수 중 대기업 신입사원보다 낮은 연봉을 받는 교수도 상당수 있을 것이다. 물론 일부 대학교수는 연구와 관련된 스타트업을 창업하거나 기업 자문을 하는 등 부가 수입이 있을 수 있으나 부가 수입을 올릴 수 없는 전공도 많으니 대학교수는 전문성에 비해 금전적 보상이 상당히 낮은 수준이라 할 수 있다.

다른 나라는 어떨까? 2022년 기준 미국 주 정부 공무원의 연봉은 약 4만~6만 달러(약 5,000~8,000만 원)이고 연방정부 공무원의 평균 연봉은 약 8만 달러(약 1억 원), 미국 공무원 호봉표에 의하면 미국 공무원 연봉은 최저 약 2만 달러(약 2,600만 원)에서 최고 약 15만 달러(약 1억 9,100만 원)에 걸쳐 있다. 2021년 기준 미국의 1인당 GDP가 약 7만 달러라는 점을 감안하면 미국 공무원의 연봉도 상당히 낮은 수준이다.

미국 국립교육통계센터National Center for Education Statistics, NCES에 따르면 미국 공립학교 교사들은 2021년 기준 평균 연봉이 약 6만 달러(약 6,700만 원)로 나타났다. 한국과 미국의 경제 규모 차이를 고려했을 때 미국의 공립학교 교사는 한국 교사보다 금전적인 보상을 많이 받기는 하지만 평균적인 미국인 수입보다 낮은 편이다.

그리고 취업 포털 indeed의 통계에 의하면 미국 대학교수의 연봉은 최저 4만 8,000달러(약 6,100만 원)에서 최고 19만 7,000달러(약 2억 5,000만 원), 평균 9만 7,000달러(약 1억 2,400만 원)를 기록하고 있다. 신임 교수가 아니라 교수 전체의 연봉임을 감안하면 미국 교수들 역시 1인당 GDP에 비해 연봉이 아주 높다고 할 수는 없다.

경제적 가치를 가늠치 않아도 될 것

자본주의 경제 체제에서 시장 밖에서 일하는 사람들은 시장 안에서 경제적 가치를 생산하는 사람들보다 평균적으로 적은 돈을 받는다. 그리고 '시장 경제'를 강조하는 사람들은 이것을 당연하게 여긴다. 이런 구조에서 공무원, 교사, 교수가 얼마나 열심히 일할 수 있을까? 노동 강도도 그 수준에 맞게 요구하는 것이 맞지 않을까? 전문가라고 인정받아 교수가 되어도 돈이 되는 영역과 접점이 없으면 대기업 신입 사원보다 낮은 연봉을 받는데 어느 세계적인 석학이 한국

대학에 교수로 올까?

시장 밖의 영역에서도 능력이 뛰어난 사람들이 많이 필요하다고 판단되면 그 영역이 창출하는 경제적 가치와는 무관하게 전반적인 임금 수준을 높일 필요가 있다. 즉 공무원, 교사, 교수가 열심히, 잘 일하기를 바란다면 연봉도 수준에 맞게 올려야 한다. 이때의 금전적인 보상은 사람을 끌어들이고 머물게 할 수 있는 중요한 인센티브가 될 것이다.

3

행복한 돈벌이를 위해서

돈, 얼마나 벌면 행복할까?

　자본주의 사회에 사는 이상 돈은 중요하다. 이는 먹고 살기 위해서이기도 하지만 돈을 벌려면 돈이 기본적으로 있어야 하기 때문이다. 또 사람들은 돈이 많으면 행복해질 것만 같아서 돈을 많이 벌고 싶어 한다.

　간절히 원했던 물건을 마침내 샀을 때를 떠올려 보자. 명품 가방일 수도 있고, 비싼 자동차일 수도 있고, 아파트일 수도 있다. 아니면 며칠을 고민하다 산 코트, 신형 휴대폰, 너무나도 사고 싶던 시계일 수도 있다. 그렇게 바라고 원해서 고민 끝에 구입한 물건에 대한 당신의 만족도는 어땠나? 그 순간은 뛸 듯이 기쁘고 행복했을 것이다. 그렇다면 그 행복감은 얼마나 지속되었나?

　소유물로 생기는 행복과 만족감은 시간이 지나면 줄어든

다. 다시 행복을 느끼려면 또 다른 자극이 필요하다. 인간이 새로운 자극에 행복을 느끼는 까닭은 그 순간 도파민이 분비되기 때문이다. 하지만 도파민은 쭉 유지되지 않는다. 도파민이 다시 분비되려면 계속해서 자극에 노출되어야 한다. 인간이 돈을 아무리 많이 벌어도 만족하지 못하는 이유이다. 즉 돈을 많이 벌고 새 물건을 소유한다고 해서 행복이 보장되지는 않는다.

돈이 있어야 행복한 건 맞지만

돈이 행복의 유일한 근원이 아니란 사실은 자발적으로 금전적 보상이 매우 적은 분야에서 일하는 사람들을 보면 알 수 있다. 앞에서 살펴봤듯이 공무원, 교사, 교수처럼 연봉이 높지 않아도 그 길을 가는 사람이 있다. 대부분의 예술가가 극단적으로 낮은 수입으로 가까스로 생계만 유지하거나 돈을 벌 수 있는 직업을 따로 갖기도 한다. 종교인들도 매우 적은 돈을 벌면서도 다른 이들을 위해 봉사한다. 경제적 여유가 충분하지 않아도 그 길을 계속 가는 것은 아마 돈이 아니어도 충족되는 행복감이 있어서일 것이다.

실제로 돈과 행복의 상관성을 주제로 많은 연구가 이루어져 왔다. 2010년 미국 프린스턴 심리학과 교수 대니얼 카너먼과 경제학과 교수 앵거스 디턴의 연구에 의하면 연 수입이 7만 5,000달러(약 1억 5,000만 원)가 넘어서면 그 후에는 돈이 행복에 별다른 영향을 주지 못하는 것으로 드러났다. 우리나라 1인당 GDP가 미국의 절반 규모인 점을 감안하면 한국의 경우 연봉이 7,500만 원이 넘으면 행복 수준이 더 이상 높아지지 않는다는 것을 의미한다.

이 연구 결과를 보고 '과연 그럴까? 그건 어쩌면 천문학적인 돈을 버는 사람들이 연구에 포함되지 않았기 때문은 아닐까?'라는 의구심을 가졌는데, 나만 그런 것이 아니었다. 미국 와튼 스쿨의 선임 연구원 매튜 킬링스워스가 미국에서 7년간 연구하고 2021년에 발표한 것에 의하면 돈이 주는 행복은 50만 달러(약 6억 5,000만 원)까지 지속해서 증가했다. 앞선 프린스턴 대학의 연구 결과를 뒤집었다. 이 연구에서는 돈이 줄 수 있는 행복은 연 수입이 7만 5,000달러를 넘은 후에도 계속 증가한 것으로 나타났다.

2021년 이현진의 박사 논문에 의하면 우리나라 사람도 소득, 금융자산, 실물자산, 순자산, 소비지출로 구분한 경제적 자원에서 느끼는 행복감에 포화점이 존재했다. 그 포화

점은 2019년을 기준으로 연봉은 약 1억 4,000만 원, 금융자산은 약 4억 5,000만 원, 실물자산은 약 30억 원, 순자산은 약 27억 원, 소비지출은 약 950만 원이었다. 이 모두를 채워야 행복에 이른다는 게 아니라 영역별로 행복감을 느끼는 수준을 측정한 결과이다.

와튼 스쿨 매튜 킬링스워스의 연구와 이현진 박사의 연구 결과는 사람들이 왜 돈을 더 벌고 싶어 하는지를 보여준다. 두 연구에서 제시된 금액은 상당히 높은 편이고 대부분의 사람은 그 정도의 경제력이 없기 때문이다. 두 연구의 결과는 사람들이 더 큰 행복을 위해 더 많이 벌려고 노력하는 이유를 설명해준다.

돈으로 무엇을 사느냐가 아니라 무얼 할 수 있느냐

돈을 많이 벌수록 행복이 증가한다는 사실은 부인할 수 없다. 연봉 4,000만 원인 사람과 6,000만 원인 사람은 어떤 식당에서 밥을 먹는지에 따라 행복이 다르게 느껴진다. 연봉 6,000만 원인 사람과 2억 원인 사람은 해외여행에서 어떤 것을 누릴 수 있는지에 따라, 연봉 2억 원인 사람과 10억 원인 사람은 어떤 집에서 사는지에 따라, 연봉 10억 원인 사람과 100억 원인 사람은 자가용 비행기를 살 수 있는지에 따라 행복이 다르게 느껴질 것이다.

하지만 돈과 행복의 관계에 관한 연구는 행복에 영향을 주는 다른 요소는 배제하고 있다는 한계가 있다. 따라서 이 연구 결과만으로 '돈을 많이 벌면 행복해진다'라고 단정 지을 수 없다. 연구 결과를 검토하고 그 내용을 적용하려면 연구 본문을 살펴보고 그 맥락을 제대로 이해할 필요가 있다.

이현진 박사의 연구에서 행복감의 포화점은 연령대별로 다르게 나타났다. 소득이 행복에 미치는 영향이 가장 큰 연령대는 40대, 그 뒤에는 50대, 60대 이상, 20~30대였다. 20~30대는 경제적 자원이 행복에 미치는 영향이 다른 연령대보다 낮게 나타났다. 제적 자원 중에서 어느 요소가 행복에 미치는 영향이 더 큰지는 연령대마다 차이가 있었는데, 이는 개인이 처한 상황에 따라 중요시하는 경제적 자원이 연령대별로 달라진다는 것을 의미한다.

이처럼 연령대별로 행복을 위해 필요한 경제적 자원의 정도가 다른 것은 돈 자체가 주는 행복감보다 금전적 대가를 지불하여 무엇을 얻을 수 있는지에 따라 행복의 수준이 달라진다는 것을 의미한다. 돈 자체보다 돈으로 무엇을 할 수

있는지가 더 중요하다는 것이다.

덧붙여, 와튼 스쿨 매튜 킬링스워스의 연구는 돈이 줄 수 있는 행복이 지속해서 증가할 수 있다고 했지, 돈 자체가 행복을 준다거나 돈만이 행복의 근원이라고 한 적은 없다. 그가 2020년에 참여한 또 다른 연구는 오히려 돈으로 무엇을 하느냐에 따라 행복의 수준이 달라질 수 있다고 결론을 냈는데, 이 또한 우리가 느끼는 행복은 돈을 소유하는 것이 아니라 돈으로 무엇을 할 수 있는지에 더 큰 영향을 받는다는 것을 의미한다.

자본주의 사회에서 돈이 주는 자유

돈이 주는 행복은 분명히 존재한다. 자본주의 사회에서 돈이 우리를 행복하게 하는 이유는 돈이 우리에게 자유를 선물해 주기 때문이다. 우리는 돈으로 사고 싶은 물건을 살 수 있고, 먹고 싶은 것을 먹을 수 있으며, 사랑하는 이들에게 원하고 필요한 것을 줄 수도 있다.

그런데 현실의 한 부분을 돋보기로 확대해서 진행한 연구가 아니라 현실을 보자. 우리가 돈을 더 벌려면 무엇이 필요한가? 지금까지 살펴봤듯이 남의 주머니에 있는 돈을 내 주머니로 옮기는 일은 결코 쉽지 않다. 그래서 우리는 돈을 버는 과정에서 스트레스를 많이 받는다. 누군가가 돈을 많이 준다면 그건 그만큼의 시간과 에너지와 노력이 필요할 테고, 지금보다 더 많은 시간과 에너지와 노력을 사용해야 함을 뜻한다. 그 과정에서 돈을 통해 누리는 행복도 커지겠지만 스트레스도 그만큼 더 받을 수밖에 없다.

노동이 아닌 일정 수준 이상의 돈을 벌 수 있는 시스템을 갖췄다면 어떨까? 돈을 버는 과정에서 받는 스트레스는 크지 않을 테지만 많은 돈을 벌게 되면 또 다른 문제가 생긴다. 자신에게 접근하는 사람들을 신뢰하기가 힘들어지고 점점 더 고립되어 가는 것이다. 심한 경우 가족끼리도 돈을 두고 다툰다.

그러한 일들은 현실에서 꽤 많이 발생한다. 현대, 롯데, 두산, 금호, 삼성 등 재벌그룹들도 돈 문제로 가족 간에 법정다툼을 벌였다. 인간은 누구나 자기중심적이고 욕망은 끝이 없어 이런 일들은 비일비재하게 일어난다. 콩 한 쪽을 나눠 먹을 때보다 집을 상속 받을 때 갈등을 겪을 확률이 높아지는 것이다. 돈과 재산은 많으면 많을수록 가까운 사람들과의 관계에서 문제가 발생할 확률이 높다.

이와 같은 현실은 돈이 우리에게 줄 수 있는 행복의 끝은 알 수 없지만, 돈벌이 과정 이외에 다른 일상들이 우리의 전반적인 행복을 갉아먹을 확률이 높다는 것을 보여준다. 20억 원짜리 복권에 당첨되자 지인들이 하나둘씩 와서 천만 원만 빌려달라고 한다면 어떤 기분이 들까? 그러다 사기라도 당하면 그 뒤로 사람들을 얼마나 신뢰할 수 있을까? 돈은 죄가 없지만 돈에 대한 욕구와 욕망은 사람을 힘들게 한다. 얼굴 한 번 본 적 없는 연예인에게 SNS 메시지로 돈을 달라는 사람들이 넘치고, 연예인들의 가족이 연예인의 이름을 팔아서 사기 치는 일들이 빈번하게 일어나는 것은 돈이 불러일으키는 부정적인 나비 효과가 얼마나 큰지 짐작하게 한다.

우리가 느끼는 행복의 총량에서 돈이 차지하는 비율

하버드대학교에서는 1938년에 하버드 학부 2학년생 268명과 빈민가에 살고 있던 같은 연령대의 456명, 총 724명과 이들이 세상을 떠난 후 그들의 자녀 1,300여 명까지 85년간 행복에 대한 연구를 지금도 진행하고 있다.

이 연구에 의하면 인간의 행복에 가장 중요한 요소는 '관계'이다. 이 연구의 네 번째 책임자인 로버트 월딩거에 의하면 사람은 의지할 사람이 있는 경우 더 건강하고 만족도 높은 삶을 살고, 인간관계가 심혈관 질환과 관절염에도 영향을 줄 수 있다고 한다. 연구 결과와 현실의 돈벌이를 결합하여 살펴보면 돈으로 인해 인간관계가 망가진 사람은 돈으로 누리는 행복은 증가할 수는 있어도 인간관계로 얻는 행복은 줄어들 확률이 높다.

돈이 중요하지 않다는 것이 아니다. 돈과 행복의 연관성에 대한 연구도, 행복에 관한 연구도 하나 같이 '최소한의 경제적인 필요는 충족되어야 한다'라는 사실에 동의한다. 하지만 이 연구들은 돈이 주는 행복은 어느 수준에 가면 하향 곡선을 그린다는 사실에도 동의한다. 우리는 또한 돈을 둘러싼 다툼과 갈등을 현실에서 보면서 돈이 무조건 행복을 보장해 주지는 못한다는 사실을 알고 있다.

이러한 연구들은 돈과 행복, 관계와 행복에 초점을 맞추고 있는 대신 '행복에 영향'을 미치는 다른 요소들은 고려하고 있지 않다. 그러나 우리는 돈과 인간관계 외에 다른 요소에서도 행복을 느낀다. 좋아하는 일을 하면서도, 멍을 때리면서도, 낯선 곳에 가서 새로운 경험을 할 때도 행복을 느낀

다. 그 과정에서 우리는 행복에 대한 대가를 어느 정도는 치른다. 그 비용을 최소화하고 행복을 극대화하는 데서 균형을 잘 잡았을 때 행복의 총량은 최대가 될 것이다. 우리에게는 각기 다른 균형점이 있어서 각자가 자신의 균형점을 찾아가기 위해 노력해야 한다. 그러기 위해서는 자기 자신이 어떤 사람인지를 알아야 한다.

나는 어린 시절을 태국에서 보내서인지 특유의 냄새 때문에 다들 꺼리는 두리안을 무척 좋아한다. 한국인들이 두리안을 싫어하는 것은 두리안의 맛에 익숙하지 않기 때문이다. 마찬가지로 돈이 행복의 근원이고 돈이 행복을 줄 수 있는 가장 중요한 통로라고 생각하는 사람들은 어쩌면 돈이 아닌 다른 곳에서 찾아오는 행복은 경험해 본 적이 없어서일지도 모른다.

교육과 돈과 행복의 상관관계

사람들은 행복한 삶을 위한 가장 중요한 요건으로 돈을 꼽는다. 이는 2017년부터 2021년까지 한국청소년정책연구원에서 진행한 행복의 중요한 요건에 대한 조사에서 '재산과 경제력'이 부동의 1위를 차지했다는 것에서 알 수 있다. 돈이 넉넉해서 여유로운 삶을 우리는 '성공했다'는 표현을 쓰는데, 그 성공을 위해 사람들이 가장 신경 쓰는 것이 아마 '교육'일 것이다.

2022년 경기연구원이 진행한 연구에 따르면 우리나라 사람 10명 중 7명은 성공의 가장 큰 요인으로 부모 소득과 같은 개인의 배경을 꼽았다. 이러한 배경에는 부모의 소득이 자녀의 대학 진학에 결정적인 영향을 미친다는 생각이 반영된 것으로 보인다.

학력과 학벌이 성공과 큰 상관관계가 없다고 생각하는 사람들이 늘어난 듯 보이지만, 2014년 한국일보와 한국리서치가 진행한 설문조사에서 응답자의 76%가 학력이 인생을 결정하고, 86%가 대학을 나와야 사람을 받으며, 83%가 결혼도 학력이 좋아야 잘한다고 답한 것을 보면 여전히 우리나라 사람들은 학력과 학벌이 성공에 큰 영향을 준다고 생각하는 듯하다.

우리나라 사람들이 학력과 학벌을 얼마나 중요시하는지는 사교육 시장의 규모를 보면 알 수 있다. 통계청의 자료에 따르면 우리나라의 2022년 초·중·고 사교육비 총액은 전년도의 23조 4,000억 원에서 무려 10.8%가 증가한 약 26조 원, 사교육 참여율은 78.3%에 달했다. 한국콘텐츠진흥원과 문화체육관광부가 발행한 2022년 대한민국 게임백서에 의하면 우리나라 게임 산업은 2021년에 처음으로 매출 20조 원(국내외 모두 포함)을 돌파했는데, 이는 우리나라의 사교육비 시장이 우리나라 게임 산업보다 규모가 클 뿐 아니라 연간 10%에 달하는 성장률을 기록하고 있다는 것을 뜻한다. 학령인구는 줄어드는데 사교육 시장은 이처럼 성장하고 있다.

학벌과 성공 간의 상관관계

학력, 학벌과 성공 간에는 실제 상관관계가 있을까? '성공'을 어떻게 정의하느냐에 따라 달라지겠지만 적어도 성공이 돈을 많이 버는 것을 의미한다면 그 상관관계는 생각보다 크지 않을지도 모른다.

사람들이 커리어를 만들어 가는 과정을 보면 신입사원 채용 시에는 여전히 학벌을 보지만 경력직은 학벌보다 경력과 평판이 훨씬 더 큰 영향을 미친다. 사업가들도 상대의 학벌을 신뢰해서 거래한다기보다 경제적으로 이익이 되는 조건을 가진 사람과 사업을 진행한다.

현실적으로 사회에서 직접 상대를 경험하지 않고는 어떤 사람인지 알 수 없으니 학벌이 좋으면 상대로부터 다소 호의적인 반응을 끌어낼 수는 있다. 하지만 거기까지다. 학력이 좋아도 능력을 입증하지 못하면 평판이 나빠진다. 학벌은 어딘가의 문을 열고 들어갈 때 약간의 도움은 될 수 있지만 모든 것을 해결해 주진 않는다.

공교육 제도의 목표는?

근대적 의미의 공교육 제도는 프랑스 혁명 이후 제정된 1791년 프랑스 헌법에서 "모든 시민에게 공통적이고, 모든 사람에게 필요한 무상의 공교육을 조직한다."라고 정한 것을 근거로 처음 만들어졌다. 이전까지는 국가에서 운영하는 교육 제도가 있는 나라가 없었고, 대부분의 교육이 과외처럼 사적 영역에서만 이루어졌다. 공교육 제도의 가장 큰 특징은 특정 연령대의 학생들이 학습해야 할 내용을 국가가 정하고 국민은 그에 따른다는 것이다. 초등학교, 중학교, 고등학교와 같은 교육 체계는 근대적 의미의 공교육 제도가 만들어진 후에 나왔다.

우리나라는 「교육기본법」 제2조에서 "홍익인간의 이념 아래 모든 국민의 인격을 도야하고 자주적 생활 능력과 민주시민으로서 필요한 자질을 갖추게 함으로써 인간다운 삶을 영위하게 하고 민주국가의 발전과 인류 공영의 이상을 실현하는 데에 이바지하게 함을 목적으로 한다."라고 밝히고 있다.

공교육 제도 도입과정과 우리나라의 「교육기본법」에서 말하는 교육 이념에 비춰봤을 때 공교육 제도는 국민 '전체'에게 '평등'하게 교육을 제공하는 것에 의미가 있고, '개인'이 사회에서 살아가는 데 필요한 역량과 가치를 체화시키는 것을 목표로 해야 한다. '개인'으로서 자신을 알아갈 수 있도록 말이다. 그래야 교육을 통해 아이들은 개인으로서 사회에서 무엇을 하며 어떻게 살아갈지를 결정할 수 있을 것이다.

하지만 우리나라에서 공교육 제도의 목표는 대학 진학으로 설정된 듯하다. 시험 문제는 '줄 세우기'로 출제되고, 학생과 학부모는 '등수'에 예민하다. 이러한 흐름과 현실은 생각할 자유를 박탈한다. 특히 객관식 시험에서는 진리도, 가치도 아닌 정답 찾기가 가장 중요하다. 그렇다 보니 학생들은 '나는 어떤 사람이고, 무엇을 좋아하며, 어떤 일을 할 때 가장 행복한지'에 대한 고민을 하지 못한 채 성장한다.

우리나라 학생들은 서로의 경쟁자로 전락하면서 '관계'를 형성하는 법을 제대로 익히지 못했다. 유엔 지속 가능 발전 해법네트워크SDSN가 2023년에 발표한 '세계 행복 보고서'에 의하면 우리나라의 행복지수는 조사 대상 137개국 중 57위, OECD 38개 회원국 중에는 34위이다. 자신의 성향이나 가치를 정립하기 힘든 환경으로 몰아넣고 돈을 많이 버는 것이 곧 행복인 것처럼 경쟁시켰으니 우리나라 사람들

의 행복지수가 낮은 것은 어쩌면 당연한 일인지도 모른다. 사람들이 쉬이 행복을 찾지 못하는 것은 개인의 탓이 아니다. 근본적인 원인은 잘못된 공교육과 입시 제도에서부터 비롯된다.

성공하고 나면 행복이 보장될까

어떻게 해야 흐름이 바뀔 수 있을까? 그 첫 번째 단계는 성공이 곧 행복을 보장해 주리라는 생각을 바꾸는 것부터 시작해야 한다. 입시와 경쟁이 공교육 제도에서 강조되고, 취업과 돈을 잘 벌 수 있는 전공에 지원이 몰리는 것은 성공과 돈이 곧 행복을 가져다준다고 생각해서이다.

그런데 이것이 사실이 아니라는 연구 결과가 있다. 캘리포니아 리버사이드 대학교 교수인 소냐 류보머스키가 2005년 진행한 연구에 의하면 성공을 하면 행복해지는 것이 아니라 행복해지면 성공으로 이어진다. 이와 같은 사실은 이 명제를 확인하기 위해 같은 연구진들이 2018년에 다시 진행한 연구에서도 확인되었다.

이 연구에서 행복한 사람은 그렇지 못한 사람보다 높은

업무 집중도와 만족도를 유지했고, 독창성, 창의성, 자신감, 유연성과 호기심도 큰 편이었다. 같은 조건에서도 행복한 사람은 더 많은 성과를 내서 주위로부터 좋은 평가를 받았을 뿐 아니라 더 높은 연봉을 받으면서 번아웃을 덜 경험하는 것으로 나타났다.

이 연구 결과가 정답은 아니겠지만 13년이 지난 후 다시 진행한 연구에서도 한 번 더 확인되었다면 눈여겨봐야 할 것이다. 이 연구 결과는 행복이 일의 성취나 재산 수준이 아닌 인간관계에서 비롯된다는 앞서 설명한 하버드 대학교의 연구 결과와 같은 선상에 서 있다는 점이 눈에 띈다. 사람이 만약 성공해서 행복해진 것이라면 하버드대학교의 연구 결과에서 행복의 가장 큰 요인은 '성공'으로 나왔을 것이다.

공교육 제도 안에서 행복의 선순환을 찾자

자본주의 경제 체제는 경쟁할 것을 요구한다. 우리나라는 특히 그러한 경향성이 강한데, 이는 급속한 경제발전 과정과 관련 있어 보인다. 한국전쟁 이후 폐허로 변해버린 땅에서는 생존 자체가 가장 중요한 문제였고, 실업률이 25%에

달한 1960년대에는 취업이 모든 사람의 당면 과제였다. 그리고 경제가 급속도로 성장한 1970년대에 돈을 가장 확실하게 빨리, 많이 버는 방법은 대기업에 취업하는 것이었다. 그러려면 대학에 진학해야 했는데 가려는 사람은 많고 입학 정원은 한정되어 있어 당시 대학 진학이 쉽지 않았다. 그렇다 보니 대학 진학이 인생의 큰 목표가 되었다.

지금까지 살펴본 행복과 성공과 돈에 관한 연구 결과를 다시 들여다보자. 행복은 관계에서 비롯되고 행복한 사람은 성공 가능성이 커지며 성공하면 돈은 자연스럽게 따라온다. 그렇다면 우리가 직면한 과제는 공교육 제도에서 경쟁을 유도하기보다 관계를 잘 형성할 수 있는 능력을 갖추도록 하는 것이다.

그러려면 작은 것부터 바꿔야 한다. 시험을 객관식이 아닌 주관식으로 바꾸면 어떨까? 정답을 외우게 만드는 객관식 시험을 주관식 시험으로 바꾸면 학생들은 답을 찾기 위해 고민하고 자기 생각을 표현하고, 다른 생각을 들어보는 훈련을 하게 될 것이다. 생각하는 습관은 창의력 개발과 지경을 넓히는 데 도움이 된다. 생각을 계속하다 보면 사고가 확장되고 기존의 것들 사이에서 새로운 연결고리가 만들어져 창의력이 발휘된다.

'성공'은 사회에서 성과가 난다는 걸 의미한다. 그런데 자본주의 사회에서 성과는 혼자서 낼 수가 없다. 여러 사람이 모인 집단이 성과를 내려면 사람들 간의 관계가 굉장히 중요하다. 회사에서는 힘을 보탤 동료, 사업을 함께할 파트너, 고객 등 사람과의 관계가 사업의 지속 가능성을 결정한다. 그리고 자본주의 사회에서 나는 성과는 대부분 금전적 보상으로 이어져 관계와 성공과 금전적 보상은 자연스럽게 선순환을 이루게 된다. 그런 선순환은 작은 변화에서 시작되고, 그 변화는 공교육 제도 안에서 시작될 수 있다.

사회보장제도의 경제적 의미

먹고사는 문제에 대한 걱정 없이 살아갈 수 있도록 국가에서 할 수 있는 일은 없을까? 그러려면 경제를 전적으로 시장에 맡기지 않고 국가가 효과적으로 개입할 필요가 있다. 1930년대 미국 주가가 폭락하고 산업이 위축되면서 전 세계를 경제위기로 몰아넣은 대공황을 극복하게 만든 열쇠는 뉴딜 정책✿이었다. 이처럼 경제 영역에 대한 국가의 개입은

✿ 미국 루스벨트 대통령이 도입한 정책이다. 1929년 10월24일 '블랙 먼데이'에 시작된 주가 폭락 사태로 대공황이 시작되자 프랭클린 루스벨트 미국 대통령은 시장의 '자유방임'을 철회하고 적극적으로 정부가 시장에 개입하여 강력한 경기부양책을 펼쳤다. 테네시강 유역 개발사업 등 대규모 토목공사를 일으켜 일자리를 창출하고 농산물 및 상품의 생산량 조정, 사회보장 제도의 실시, 금융권 관리 등 시장 경제 체제의 모순을 시정하기 위해 국가가 적극적으로 개입했다. 미국은 이 정책으로 실업 문제를 해결하고, 대공황 이전의 소득 수준과 산업 질서를 회복했다.

적절한 방법으로 적당한 시기에 이루어진다면 오히려 시장 경제 체제의 문제점을 찾아 해결할 수 있다.

가장 눈에 띄는 국가의 개입은 '사회보장제도'이다. 사회보장제도는 보통 사회보험, 사회서비스와 공공부조로 구성된다. '사회보험'은 출산, 양육, 실업, 은퇴, 장애, 질병 빈곤, 사망 등 사회적 위험에 대비하여 국가가 보장하는 강제적인 성격의 보험이다. 우리나라는 대표적으로 국민연금, 공무원연금, 군인연금과 사학연금이 있다. '사회서비스'는 사회적 약자에게 사회복지, 보건의료, 교육, 문화, 주거, 고용, 환경 등을 제공하는 것을 의미하고, '공공부조'는 생활이 어려운 국민의 최저 생활을 보장하고 자립을 지원하는 제도를 말한다.

신자유주의적 관점에서 사회보장제도의 확장은 탐탁지 않을 수 있다. 사회보장제도를 '개인 지원'의 문제로 바라보기 때문이다. 사회보장제도는 분명 개인을 지원하지만, 국가 차원에서는 '투자'이기도 하다. 잘 디자인된 사회보장제도는 많은 사회 문제를 해결하거나 예방할 수 있다.

돈이 돈을 벌어들이는 자본주의

자유주의 시장 경제 체제에서 사회보장제도가 필요한 이유는 돈이 돈을 벌어들이는 자본주의 경제 체제의 특성상 국가의 개입을 통해 자원을 분배하지 않으면 빈부 격차가 극심해지고 사람들이 일할 의욕을 상실할 수 있기 때문이다.

사회주의가 계획경제하의 낮은 효율성과 노동 생산성 때문만으로 체제 경쟁에서 실패한 것은 아니다. 사회주의가 체제 경쟁에서 패배한 가장 큰 원인은 사회주의자들이 인간의 욕망을 과소평가한 데 있다. 사회주의 체제에서는 사람들이 열심히 일할 동기가 생기질 않고, 그 결과 경제성장을 이루어 낼 수가 없었던 것이다.

이와 같은 사실은 중국에서 사회주의 체제가 유지되는 과정을 들여다보면 더욱 분명하게 드러난다. 중국은 사회주의 국가라서 국가의 통제에서 벗어나지 못한다. 그런데도 사회주의 체제가 유지될 수 있는 이유는 자본주의적인 요소를 도입하면서 삶의 수준이 나아졌기 때문이다. 우리는 이를 통해 '노력하면 돈을 더 벌 수 있고 사랑하는 사람과 더 풍요로운 삶을 살 수 있다'라는 희망이 중요하다는 것을 알 수 있다. 즉 빈부 격차가 극도로 심해져 아무리 노력해도 삶이 나아지지 않는다면 사람들은 일할 의욕을 잃을 수밖에 없다. 국가적인 차원에서라도 '노력하면 나아질 수 있다'는 희망을 심어줘야 한다.

그러려면 기본 생계를 위한 최저 생활은 보장되어야 하고 이를 위해 각종 사회보장제도가 필요한 것이다.

노력으로 현실을 바꾼다?

우리나라는 어떤 상황인가? '우리 사회는 더 이상 노력으로 성공을 이룰 수 없다'는 의견이 여러 여론 조사에서 드러났다. 동그라미재단에서 2016년에 실시한 '한국 사회 기회 불평등의 현황과 인식' 조사에 의하면 개인의 노력보다 재산, 직업, 학벌 등 사회경제적 배경이 성공에 더 중요하다고 답한 사람이 무려 응답자의 73.8%에 달했다. 또 경향신문과 한국리서치가 2020년에 진행한 '창간 74주년 기념 여론 조사'에서도 본인의 노력이나 능력이 중요하다고 답한 이는 27%인 반면, 집안 배경이나 외부 압력이 보상과 성공에 영향을 미친다고 답한 응답자는 33%였다.

부모의 재력과 배경을 기준으로 흙수저와 금수저로 나누

며 서로를 평가하고 판단하는 사회 분위기로 미루어 볼 때 우리나라는 노력으로 현실이 바뀌기 힘들다고 생각하는 사람들이 많아 보인다. 이런 생각은 최근에 진행된 연구 결과들에 의하면 최소한 대학입시와 관련해서는 맞는 듯하다.

서울대학교 주병기 교수가 2021년 발표한 논문에서 기회 불평등의 크기를 나타내는 지표로 '개천용 기회 불평등 지수'를 활용하여 열악한 사회경제적 상황에 부닥친 사람의 성공 확률에 관한 연구를 진행했는데, 충분한 능력과 노력이 있어도 사회경제적 배경이 열악하다면 성공하지 못할 확률이 2013년에서 2016년까지 4년 평균 39.52%로, 1997년 외환위기 이전 4년 평균 17.96%에서 두 배 이상 상승했다.

또한 한국장학재단이 2023년 국회에 제출한 자료에 의하면, 2021년 장학금을 신청한 서울대학교 학생 중 가장 높은 소득 수준을 의미하는 9분위(소득 수준을 1~10단계로 구분한 소득분위 지표 기준) 이상의 학생 비율은 전체의 55.5%로, 이는 2017년의 39.6%보다 큰 폭으로 증가한 것이다. 이와 반대로 기초생활수급자와 차상위계층 신청자는 6.8%에서 4.8%로 줄었고 이러한 흐름은 연세대와 고려대에서도 똑같이 나타났다. 이는 경제적으로 여유 있는 가정에서 자란 아이들이 서울대, 연세대, 고려대에 더 많이 진학했다는 것을 보여준다.

　우리나라는 기회 불평등 문제를 입시 제도를 보완하는 방향으로 해결하려 시도해 왔다. 하지만 이제는 입시 제도를 보완하는 수준을 넘어서 능력과 의지가 있는 학생들이 최대한 능력을 개발하고 발휘할 환경을 조성해 줘야 한다. 이를 위해 기본소득✤과 보편적 복지✤✤와 같은 사회보장제도를 도입하는 것도 고려해볼 만하다.

　사람은 기본적인 의식주가 충족되어야 그 이상을 꿈꿀 수 있다. 따라서 기본소득과 보편적 복지는 경제적인 수준을 기준으로 차등 적용할 것이 아니라 말 그대로 보편적으로 모두에게 적용하는 것이 바람직하다. 그래야 자신의 가난을 스스로 증명해야 하는 비인격적인 일을 겪을 필요가 없고 수입이 많은 사람 또한 그러한 제도를 통해 세금의 일정 부분을 환급받는 효과도 누릴 수 있기 때문이다.

　그런데 이런 제도를 도입하기 이전에 더 중요한 것은 기

✤　국가 또는 지방자치단체(정치공동체)가 모든 구성원 개개인에게 아무 조건 없이 정기적으로 지급하는 소득을 말한다.

✤✤　소득과 상관없이 모든 국민에게 복지 혜택을 주는 정책을 말한다. 예를 들어 건강보험 제도처럼 국민이라면 누구나 그 혜택을 받을 수 있는 제도. 반대로 '선별적 복지'는 모든 국민이 대상이 아니라 저소득 계층만 구별, 선택하여 복지의 혜택은 주는 것으로 국민기초생활보장 제도처럼 저소득 계층에게만 생계, 주거, 의료, 교육 등을 지원한다.

회가 '실질적으로' 평등하게 주어져야 한다는 것이다. 기회가 평등하게 주어지지 않는 상태에서 기본소득과 보편적 복지만 보장된다면 사회주의 국가들이 간 길을 따라가는 결과를 야기할 수 있다. 기회의 평등과 공정성은 사람들이 생계 해결을 위한 밥벌이가 아니라 더 잘 먹고 더 잘살고, 더 많은 것을 누리기 위한 의욕이 생기게 할 수 있다. 이와 같은 법제도와 정책은 '사람에 대한 이해'와 '우리 사회의 현실'을 종합적으로 고려해서 신중하게 도입해야 한다.

사회보장제도는 투자

사회보장제도는 '지원'하는 것이 아니라 '투자'로 작용할 수 있다. 이는 출산율 문제에서도 분명히 나타난다. 1명이 평생 낳을 것으로 예상되는 평균 출생아 수를 나타내는 지표인 합계 출산율은 2.1명이 되어야 해당 국가의 인구 규모가 그대로 유지되는데, 우리나라의 합계출산율은 2022년 통계청 자료 기준으로 0.78명으로, 38개 OECD 국가 중 최하위를 기록하고 있다. 그것도 37위인 이탈리아가 1.24명을 기록하고 있을 정도로 압도적인 최하위다.

이러한 흐름이 계속 이어지면 노년층은 70세가 넘어서도 생계 해결을 위해 경제활동을 해야 한다. 우리나라 노년층의 빈곤율은 이미 OECD의 평균 노년층 빈곤율의 약 2.5배인 38.9%이다. 지금과 같은 구조가 이어지면 20~30년 후에는 많은 사람이 경제적인 고통을 받을 가능성이 매우 높다. 이러한 상황은 이미 돌이킬 수 없어 보이지만 최악의 상황을 조금이라도 완화하려면 경제 규모를 키워야 한다. 이를 위해 적정한 인구를 유지할 필요가 있다.

　문제는 현재 20대~40대는 반드시 아이를 낳아야 할 이유가 전혀 없다는 데 있다. 차근차근 계산을 해보자. 통계청 발표에 의하면 2019년 기준 우리나라 30대 평균 연봉은 4,200만 원 정도다(평균 월급 남자 362만 원, 여자 294만 원). 평균 한 끼 밥값을 1만 원으로 계산하면 한 달 90만 원, 월세를 낸다면 50만 원 이상, 통신비 등 공과금 20만 원, 아끼고, 아끼고, 아껴서 살아도 한 달에 160만 원 정도는 든다. 여기에 문화생활비 등 조금 여유를 갖고 살자면 최소 월 200만 원은 지출하게 된다. 그러면 한 달에 남자는 160만 원, 여자는 90만 원의 여유 자금을 모을 수 있고, 1년이면 남자는 1,920만 원, 여자는 1,080만 원 정도를 모을 수 있다. 이렇게 20년간 저축한다면 평균적인 연봉을 받는 남자는 대략 3억 원, 여자는

2억 원 정도 모인다.✤

여기에 더해 소수의 사람을 제외하면 회사에 아무리 오래 다녀도 50대까지라는 게 공식처럼 되어 있다. 그 후에는 분명 회사에 다닐 때보다는 수입이 적어질 것이다. 그런데 50대가 되면 자녀가 대학에 갈 나이가 된다. '평균적인 수입'을 버는 남녀가 결혼해서 20년 동안 일하며 알뜰살뜰하게 모아도 50대 초반까지 6억 원을 모으지 못할 확률이 높다. 그 후에 노후는 누가 보장해 주며 받을 수 있는 국민연금의 수준은 어느 정도일까? 이런 상황에서 아이를 낳을 수 있을까?

물론 평균은 말 그대로 '평균'이니까 나머지 평균 이상의 사람은 경제적으로 더 여유가 있을 것이다. 평균인 사람보다 연봉이 두 배인 사람은 돈도 두 배로 모은다고 치자. 배우자도 그 정도 수준의 연봉을 받는다면 두 사람은 50대 초반까지 12억 원 이상의 돈을 모을 수 있을 것이다. 하지만 서울에서 4인 가족이 살 만한 집은 어지간하면 10억 원이 넘

✤   경력이 늘면 더 벌 수 있으니 더 모을 수 있지 않냐는 의문이 든다면, '30대 평균' 연봉이라는 걸 생각해 보자. 그렇다면 30대 초반은 이렇게 모을 수가 없고 '평균' 이하는 이 정도 수입과 저축을 할 수 없다는 뜻이다. 이 금액은 정말 아끼고 아낀 경우이고 대부분은 이 정도도 못 모으는 게 현실이다. 해외여행 한 번이라도 가면 이 계산은 틀어지게 된다.

어가는 상황에서 12억 원 이상을 모을 수 있다고 해서 그 연봉 수준이 '아이를 키우기에 충분한 수입'은 아닐 수 있다.

또 다른 문제도 있다. 보통 연봉이 높은 사람들은 그만큼 더 많이 일해야 한다. 자본주의 사회에서 돈을 많이 준다면 그 이유가 있게 마련이다. 즉 가족과 시간을 많이 보내지 못해 관계가 소원해질 수도 있다.

이러한 상황에서 누가 아이를 낳아서 키울 생각을 할 수 있을까? 지금 상황에서 적정 인구 유지가 필요한 것은 개인이 아니라 국가다. 그렇다면 국가는 출생률을 높일 수 있는 법제도와 정책을 마련해야 한다. 이는 사회보장제도의 일부로 분류되겠지만 개인보다 국가의 필요에 의해 마련하는 법제도와 정책이기 때문에 지원보다는 '투자'의 성격을 갖는다.

사회보장제도의 부재가 만들 미래

경제적 약자들이 기본적인 생계를 해결하고, 생활 수준 향상을 위한 의욕을 끌어낼 법제도가 없다면 어떤 일이 일어날까?

부의 양극화가 심화하어 국민 상당수의 일할 의지가 꺾이면 가난해진 사람들은 외곽으로 나갈 수밖에 없고, 그곳은 빈민가가 되어 우범지대로 전락할 수 있다. 또 국민 상당수가 일할 희망을 잃은 상태라면 사업가들은 능력 있는 인재를 찾기 힘들 것이다. 이뿐만이 아니다. 수입이 없는 국민에게도 생존에 필요한 지원은 해야 하므로 나머지 인구가 부담해야 할 세금은 많아질 것이다.

극심한 빈부 격차에 대한 분노가 차곡차곡 쌓이다 보면 우리 다음 세대에는 폭동과 폭력 사태가 빈번하게 발생할 수 있다. 그렇게 되면 안전을 위해 더 큰 비용을 사용해야 하고 자유는 더더욱 제한받게 되며 사람들을 신뢰하기가 더욱 어려워질 것이다.

소설이나 영화 속 이야기 같은가? 아니다. 이러한 일들은 불과 200~300년 전에 세계 곳곳에서 일어났다. 프랑스 혁명도, 동학농민운동도 이와 같은 현실이 누적되어 폭발하듯 일어났다. 이러한 상황이 상상되지 않는 이유는 인류가 지난 100년 동안 누구도 누려본 적 없는 수준의 물질적 풍요로움을 누렸기 때문이다.

그런데 우리나라뿐 아니라 대부분 국가에서도 지금의 20~30대는 부모 세대보다 힘든 삶을 살게 되리라 예상하고 전 세계적으로 출산율이 낮아지는 추세이다. 인류는 과거에 단 한 번도 경험하지 못한 또 다른 상황으로 걸어 들어가고 있다. 앞으로 무슨 일이 벌어질지 아무도 모른다. 최악의 상황을 막기 위해서는 지금은 작아 보이는 문제들을 해결하기 위한 조치가 필요하고, 잘 디자인된 사회보장제도는 그중에 적어도 일부는 해결할 수 있다.

기본소득과 보편적 복지의 도입 문제

우리나라는 아직은 기본소득이나 보편적 복지와 같은 사회보장제도를 도입할 준비가 되어 있지 않다고 생각한다. 이를 실행하려면 세금을 걷어 재원 마련을 해야 하는데 우리나라 사람들은 아직 그럴 마음과 현실의 준비가 되어 있지 않기 때문이다.

아무리 목적이 선하고 현실적으로 필요한 법과 정책이라도 국민의 인식이 그 가치에 동의하지 않는 이상 부작용이 클 수밖에 없다. 현시점에 사회보장제도를 급격하게 확대하는 것은 바람직하지 않다. 게다가 기본소득은 아직 캘리포니아 주정부와 지방정부, 독일, 영국 등이 시범 프로그램을

운영하며 실험하는 단계이고, 그러한 정책이 어떤 결과를 가져올지 예단할 수 없으므로 신중히 접근할 필요가 있다.

하지만 나라 곳곳에서 빈부 격차로 인한 부작용이 발견되고 있다. 국내 투자 부진, 생산인구 감소, 새로운 성장동력의 부재와 같은 경고 사인을 계속해서 무시하고 개선하기 위한 노력을 하지 않는 건 깊게 난 상처를 소독하지 않고 그대로 방치하는 것과 같다. 어쩌면 전문가들이 극단적인 상황을 전제하며 경고하는 '국가소멸'은 현실이 될지도 모른다.

OECD가 2021년에 발행한 '장기 재정 전망 보고서'에서 우리나라의 1인당 GDP 잠재 성장률이 2030년에서 2060년 사이에 0%대까지 떨어져 38개국 중 최하위를 기록할 것으로 예상한 것은 우리나라가 이미 위기 상황이라는 사실을 보여준다.

성숙한 자본주의란?

자본주의는 어렵다. '자본주의'라는 말 이면에 너무 많은 것이 담겨 있기 때문이다. 자본주의를 제대로 이해하려면 자본주의에 전제된 개인과 자유, 그리고 자본주의에 상반되는 개념이라고 할 수 있는 공산주의에 대한 이해도 필요한데 이러한 개념을 한 권의 책으로 설명하는 건 너무 어렵다. 이는 시중에 자본주의, 자유주의, 신자유주의, 사회주의, 공산주의, 개인과 자유 등에 대해 나와 있는 책이 얼마나 많은지만 봐도 알 수 있다.

자본주의가 어려운 또 다른 이유는 사람마다 생각하는 자본주의의 개념이 다르기 때문이다. 상황이 이렇다 보니 사람들은 자본주의와 자본주의의 기초를 형성하는 자유주의를 본인이 이해하는 수준과 내용에 맞춰서 정의한다. 이러

한 상황을 더 혼란스럽게 하는 것은 '신자유주의'다. 시장에 대한 국가의 개입이 '최소한의 수준'으로만 이루어져야 한다고 주장하는 신자유주의에서 어느 정도가 '최소한'인지는 사람마다 의견이 다르다.

이처럼 자본주의, 자유주의와 신자유주의의 둘러싼 개념과 내용이 복잡해서 사람들은 자신이 속한 진영의 논리에 따라 자본주의, 자유주의와 신자유주의를 설명한다. 그게 잘못되었다고 말하기는 힘든 것이 그 사람들이 하는 말이 자본주의, 자유주의와 신자유주의 개념 안에 포섭되기도 하기 때문이다. 인간은 지극히 자신의 이익을 중심으로 결정하는 경향이 있는데 누가 함부로 그 사람들을 판단하고 평가할 수 있을까?

나는 실물 경제를 다루거나 그 안에서 일하는 사람들이 아닌 이상 이런 복잡한 개념을 이해할 필요가 없다고 생각한다. 현실의 법제도와 정책들이 명확하게 한 관점이나 이념만을 반영한 경우는 없기 때문이다.

자본주의적, 사회주의적 정책이 따로 존재하나

국가에서 공공부조*를 통해 생계가 힘든 사람을 지원한다. 그건 사회주의적인 정책인가? 사회주의 국가에서는 원칙상 분배가 필요에 따라 평등하게 이루어지고, 불평등이라는 개념이 없어서 애초에 공공부조 같은 제도가 없다. 공공부조는 어디까지 빈부 격차가 발생하는 자본주의 체제에서만 이루어진다.

정부가 세금을 많이 징수해서 적극적으로 시장에 개입하는 것은 사회주의 정책일까? 사회주의 국가에서는 구조적으로 세금이 없으므로 이러한 정책은 그 시작부터 사회주의 정책으로 볼 수 없다. 사회주의 국가의 구성원들은 독립적으로 경제적 가치를 생산할 수 없고 국가에서 배분하는 돈과 물자를 받으므로 애초에 국가에 낼 세금이 없다. 즉 사회주의 국가에서는 세금을 징수해서 시장에 개입한다는 개념 자체가 존재할 수가 없다. 하지만 이 두 정책 모두 '사회적인 요소'가 있는 건 부인할 수 없는 사실이다.

✱ 국가나 공공단체가 생활 능력이 없는 사람에게 최저한도의 생활 수준을 보장하기 위해 보호 또는 원조를 시행하는 사업으로 현대 국가에서는 사회보험제도와 함께 사회 보장의 하나로 활발하게 하고 있다.

이처럼 현실에서는 그 어떤 법도, 정책도, 의사 결정도 단하나의 이념만 반영해서 만들어지지 않는다. 현실이 그렇게 단순하다면 전 세계 모든 국가가 같은 법률 체계를 갖추고 있을 것이다. 따라서 우리는 국가의 법제도나 정책을 하나의 이념적 틀에 가두고 '그건 자본주의에 반하는 정책이다' 라거나 '그건 사회주의적인 정책이야'라고 판단해서는 안된다. 그러한 방식의 평가와 판단은 '편 가르기'를 하려는 것이 아닌 이상 도움이 되지 않는다.

나는 국가의 개입을 강조하는 자유주의자이다

나는 자유주의자다. 내겐 자유가 제일 중요하다. 처음부터 프리랜서가 되려던 것은 아니지만 몇 번의 좌절을 맛본 후 오랜 고민 끝에 인생의 이 시기에는 프리랜서로 살기로 마음먹었다. 나에겐 하고 싶은 일을 할 수 있는 자유가 중요했기 때문이다. 내가 생각하는 이상적인 세상은 어떠한 권력도 개인의 삶에 개입하지 않고 완전한 자유가 주어지는 사회이다.

그런데도 국가의 시장 개입과 사회보장제도가 강화되어

야 한다고 주장하는 것은 인류는 아직 '완전한 자유가 주어지는' 세상을 맞이할 준비가 되어 있지 않아서다. 그런 세상이 오려면 다른 사람에게 피해를 주지 않고, 자신이 이룬 성취는 혼자만의 힘으로 이룬 것이 아니라는 점을 머리와 마음으로 알아야 한다. 하지만 아직은 이런 이상적인 개인주의자들이 생각보다 많지 않고, 이기적이고 욕망에 휘둘리는 사람이 많아서 그들이 야기하는 부작용을 보완하기 위해서라도 국가의 개입이 이루어져야 한다고 보는 것이다.

나는 언젠가 성경에서 묘사되는 "이리가 어린 양과 함께 살고, 표범이 염소와 눕는, 젖 먹는 아이가 독사의 구멍에서 장난하며 독사의 굴에 손을 넣는" 세상처럼 법제도나 국가의 정책이 없어도 부자들이 자발적으로 가난한 사람들을 돕고, 가난한 사람들은 자신이 속한 공동체에 필요한 기능과 역할을 다하는 세상이 오기를 바란다.

하지만 그런 세상은 영원히 오지 않을 수도 있다. 사람은 쉽게 바뀌지 않고, 사람이 바뀌지 않는 이상 세상은 변하지 않을 것이기 때문이다. 내가 국가가 개입해야 할 필요성을 강조하는 것도 바로 그러한 이유에서다.

고도로 복잡해진 현대 사회에서 변화가 오려면

그렇다면 국가는 언제, 어떻게, 어느 정도의 수준으로 개입해야 할까? 획일적인 기준을 제시하기는 힘들다. 다만 분명한 것은 유럽에서 산업화가 이루어진 과정처럼 '아래로부터의 변화'는 더 이상 일어나기가 힘들다는 것이다.

유럽에서는 종교와 지배 계급의 부당한 요구가 수백 년 동안 지속되었고, 그 불만이 폭발하면서 '아래로부터의 변화'가 일어났다. 그것이 가능했던 이유는 '종교와 지배 계급'이라는 명확한 공동의 '적'이 있었고 현실을 바꿔야 할 이해관계를 사람들이 공유했기 때문이다.

과거의 유럽과 달리 우리 시대에는 사람들의 불만이 응집되어 폭발할 만큼 종교나 이념이 지배적이지 않다. 이에 더해 대부분 국가에서 형식적으로나마 법치주의가 자리 잡고, 정치적으로는 민주주의가 도입되면서 공공의 적으로 삼을 대상도 애매해졌다. 그게 가능해지려면 현실에 대한 불만을 법의 잘못으로 돌려야 하는데 법에 대항하여 혁명을 일으킬 수는 없다.

게다가 사회의 모든 영역이 고도로 발전하면서 한 국가에 사는 사람들도 서로의 이해관계가 달라져 어떤 법률이

든 누군가에게는 피해가, 또 누군가에게는 이익이 될 수 있다. 사람들의 인식이 같은 방향으로 바뀌기 힘들어졌다. 그렇다 보니 현대에는 힘을 합쳐서 혁명을 일으키는 대신 나와 너로 편을 가르고, 정쟁을 일으키고, 파업이나 시위를 보는 시선도 각양각색이다. 이해관계가 걸려 있으면 파업과 시위를 지지하거나 반대하지만 이해관계가 없으면 그 내용에 전혀 관심이 없고 그로 인해 발생하는 불편함을 불만으로 털어놓는다.

과거에는 바람이 한 방향으로 불면 작은 불씨들이 합쳐져서 혁명이 일어났다면 우리가 사는 시대에는 각각의 불씨들이 따로 타오르고 바람도 따로 불어 그 불씨가 꺼지고 만다. 우리나라에서 대통령 탄핵이 일어난 일이 전 세계의 주목을 받았던 까닭은 그만큼 우리가 사는 시대는 많은 사람의 마음이 한 방향으로 모으기가 쉽지 않아서다.

소위 '선진국'이라 불리는 국가들의 존재도 '아래로부터의 변화'를 불가능하게 만든다. 선진국들이 자국 내의 시장을 넘어 글로벌 시장으로 진출하고자 할 때 약소국가의 권력자들이 공동체가 아니라 자신과 주변의 이익을 바라며 선진국에 협력하는 경우가 많은데 이해관계가 다변화된 사회에서 국가 구성원이 힘을 모아 그런 흐름에 저항하는 것은

불가능에 가깝다.

여기에 더해 많은 사람의 이해관계가 거대 자본들과 복잡하게 관련된 오늘날의 현실도 '아래로부터의 변화'를 막는 요소로 작용한다. 만약 A라는 대기업과 B라는 중소기업이 계약을 맺고 사업을 진행했는데, A가 B에게 말도 안 되는 조건으로 납품을 요구한다면 B는 A에 저항할 수 있을까? 경쟁사가 넘쳐나는 상황에서 B가 A의 부당한 요구를 거절하기란 쉽지 않다.

누구든, 무엇이든 대체가 가능한 사회에서는 자연스럽게 '상하관계'가 형성된다. 이런 상황에서 아래로부터의 변화는 불가능하다. 전 세계적으로 노동조합들이 과격한 방식으로 시위하거나 저항하는 것은 사회 구조상 힘을 모으지 않는 이상 착취를 당할 수밖에 없기 때문이다.✿

'아래로부터의 변화'가 안 된다면 '위로부터의 변화'는 어떨까? 더 이상 한 사회나 국가가 '위로부터의 변화'를 통해 발전하는 건 불가능해 보인다. 조금 더 정확히 말하면 개발도상국들이 1970년대 우리나라처럼 급속도로 성장하기는

✿   아이러니하게도 규모가 커진 노동조합이 역으로 그 규모를 사용해서 갑질하는 현실은 인간이 얼마나 자기중심적인지 적나라하게 보여준다.

매우 힘들다. 선진국과 개발도상국들이 이미 확고부동하게 자리를 잡았고, 심지어 UN, OECD, EU, WTO와 같은 국제기구들을 통해 그 지위가 고착되었기 때문이다.

개인과 사회에 어마어마한 영향을 주는 교육

이 현실을 바꿀 수 있는 유일한 방법은 '교육'이다. 교육은 '아래로부터의 변화'가 일어날 수 있도록 사람의 인식에 영향을 준다.

교육을 통해 사람이 어떻게 바뀔 수 있는지 내 경우를 통해 이야기해 보고자 한다. 나는 보수적이고 평범한 가정에서 자랐지만 다소 전형적이지 않은 선택을 해왔다. 돌이켜 생각건대 그 선택의 바탕이 된 건 내가 받았던 교육의 영향이 컸다.

나는 무역회사에 다니시는 아버지의 직장을 따라 8년 반을 해외에서 살았는데 그중 5년을 중국에 있는 미국인 학교에 다녔다. 미국인 학교에서 나는 공부하고 싶은 과목과 활동을 선택하는 법을 배웠다. 그 누구도 내게 '네 적성을 잘 찾아서 진로를 선택해'라고 말하지 않았지만 나는 내 마음

을 따라 선택하는 법을 자연스럽게 터득했다. 그리고 그 경험이 나를 사회적인 시선이 아닌 나 자신을 중심에 두고 고민하고 선택할 수 있게 만들어 주었다.

고등학교 1학년 2학기에 혼자 한국으로 돌아와서는 '직업 선택의 십계'로 많이 알려진 거창고등학교에 들어갔다 (친구들끼리는 '인생 망치는 비법 십계명'이라고 불렀다). 이 학교는 전형적인 한국 고등학교는 아니다. 교장 선생님은 오랜만에 찾아온 졸업생에게 "동문회에서는 서울대에 많이 보내라고 하는데 우리 학교까지 그러면 안 되지 않겠니?"라면서 "너는 사는 게 참 부담스럽겠다. 받은 게 많으니 그만큼 돌려줘야 하잖아. 그게 우리 학교 졸업생답게 사는 법이야."라고 말씀하시곤 했다. 거창고등학교에서의 삶은 내가 입시만을 바라보고 경주에 뛰어들지 않게 해줬을 뿐 아니라 나의 가치관 형성에도 큰 영향을 미쳤다. 친구들과 농담 반 진담 반으로 "우린 선생님들한테 세뇌당한 거야."라고 말할 정도로.

만약 내가 한국에서 쭉 어린 시절을 보내고 보통의 고등학교에 다녔다면 지금까지 SK텔레콤에 다니고 있을지도 모른다. 하지만 나는 조금은 전형적이지 않은 환경에서, 어쩌면 일반적인 가치와는 반대되는 가치를 추구하는 학교를 다니며, 나도 모르게 영향받고 그것이 누적되어 온 사람이다. 그래서 박사학위를 받은 후에도 드라마 관련 일을 하고 유튜브 채널에도 출연하는 등 한국 사람의 기준으로는 전형적이지 않은 길을 걷는지도 모른다.

교육이 사람에게 미치는 영향은 어마어마하다. 그래서 '아래로부터의 변화'가 불가능한 이 시대에 교육을 통해 사람들의 인식체계의 변화가 일어나길 기대하는 수밖에 없다.

학생들이 입시라는 공통된 목표만을 향해 달려갈 것을 강요받아 자신이 어떤 사람인지 고민을 할 시간도, 무슨 일을 어떻게 해야 자신이 행복할 수 있을지에 대한 실마리도 찾지 못한 상태로 졸업한다. 이러한 현실이 바뀌지 않는 이상 우리 사회가 변하기는 쉽지 않다.

우리나라의 공교육 제도가 하루아침에 바뀌기 힘들고 성인들도 도움을 받을 수 있는 환경이 아니다 보니, 우리는 결국 스스로 고민하고 결정해야 한다. 그리고 그 고민은 우리 사회의 구조를 이해하는 데서 시작해야 한다. 우리는 결국 우리 사회 안에서 생계를 해결하고 일하면서 먹고 살아야 하기 때문이다.

내가 어떤 사람인지 아는 것

우리 인생에서 중요한 건 내가 어떤 사람인지를 아는 것이다. 뻔한 이야기이지만 나 자신을 아는 건 생각보다 어렵다.

우리는 사회생활을 하면서 너무 많은 돈벌이에 대한 조언과 공식을 듣고 나만의 무엇인가를 찾기 힘든 세상에서 산다. 하지만 당신이 우리 사회의 구조를 잘 이해하고 있다면 그런 이야기에 너무 귀 기울일 필요는 없다. 우리나라처럼 경제의 규모와 시스템이 발전한 사회에서는 부자가 되기는 힘들지만 기본적인 생계는 해결할 수 있고, 무슨 일이든 돈벌이와 연결 고리를 만들어 낼 수 있기 때문이다.

그중에는 맞는 말도 있을 것이다. 그 사람에게는 정답이지만 내게는 아닐 수도 있고 과거에는 맞았지만 지금은 틀린 말일 수도 있다.

누군가에게는 프리랜서가 맞지만 또 누군가에게는 사업을 키우는 데서 보람을 느낄 수 있다. 또 다른 누군가는 돈을 많이 버는 것보다 적당히 벌고 적당한 여유를 누리는 게 더 행복할 수도 있다.

내가 어떤 사람인지 아는 것은 단순히 진로나 적성에 대한 얘기가 아니다. 어떤 일이 좋고 싫은지, 최소로 필요한 금전적 여유는 어느 수준인지, 어떤 사람과 있을 때 편하거나 불편한지와 같은 디테일에 대한 고민을 말한다.

그걸 알아야 조금 더 행복한 일, 혹은 덜 불행한 일을 할 수 있고 함께 일하는 동료와 편안한 관계를 만들 수 있다. 그렇게 되면 24시간 중 힘들고 피곤한 시간보다 즐겁고 행복한 시간이 많아질 것이다.

그렇다고 해서 지금 당장 책상머리에 앉아 고민을 시작할 필요는 없다. 책상에서 알 수 있는 것은 한계가 있다. 일단 부딪히면서, 지금 당장 힘들고 잘 맞지 않아도 최소한의 생계는 해결하면서 다양한 시도를 해봐야 한다. 경험과 시행착오 없이는 자신이 어떤 사람인지를 알 수가 없다.

이런 과정을 거치다 보면 내가 가야 할 길이 분명히 보이기보다 가고 싶지 않은 길들이 하나둘 보이게 된다. 내 경우에는 첫 번째 길이 회사였고, 두 번째 길이 자영업이었으며, 세 번째 길은 초기 투자가 필요한 사업들이었다. 그렇게 가고 싶지 않은 길들을 찾고 동시에 내가 생계를 위해 한 일들을 살펴보니 그 안에서 패턴이 보였다. 그것을 바탕으로 행복했고 즐거웠던 시간을 돌아보니 과거에 보수를 받지 못해도 하던 일들을 지금은 돈을 받으면서 하고 있다. 이제 나는 그 길이 내가 가야 할 길이라고 믿고 그 길을 따라가고 있다.

내게 그 길은 '일'이었지만 반드시 일이어야만 하는 것도 아니다. 여러 길을 동시에 가는 것도 가능하므로 어떤 한 가지 길만 쭉 가야 한다고 생각하지 않아도 된다. 여러 갈래의 길 앞에서 어떤 길이 내게 더 중요한지 경험을 통해 깨닫고, 그 길에 비중을 두고 살면 된다.

나는 사람들에게 특정한 적성이 있고 모두가 우리가 정의하는 '일'을 하면서 살아야 한다고 생각하지 않는다. 모든 사람이 그렇게 산다면 세상이 얼마나 각박하겠나? 부딪히는 것을 두려워하지 않고 틀을 깨보고 싶다면 적성이 맞든 아니든 일단 다양한 시도를 해봐야 한다. 모든 '다름'이 반드시 '틀림'은 아니다.

성숙한 자본주의의 시작은 성숙한 개인의 변화로부터

오늘날처럼 고도로 연결된 사회에서 우리가 어떤 형태로든 먹고살고 있다면 그건 다른 사람들의 노력이 있었음을 기억하자. 자본주의 체제에서 경제적 가치는 혼자서 창출할 수 없다. 따라서 돈을 많이 버는 것을 차치하더라도 최소한 다른 사람에게 피해는 주지 않기 위해 우리는 열심히 살아야 한다. 여기에 더해 힘들지만 행복과 보람이 있다면, 그 삶은 이미 충분히 훌륭한 삶이다.

사람은 각자 다르다는 걸 인정하고 다른 사람에게 피해 주지 않고 자신의 길을 따라 산다면 어떠한 법률도, 제도도, 정책도 필요 없을 것이다. 대부분 사람이 그렇게 살지 못해 법과 제도와 정책이 필요한 거고, 또 그 덕분에 먹고 사는 사람들이 생기는 것이다. '잘' 살기 위해 노력은 해야겠지만 그렇게 살지 못하는 자신을 자책하지는 말자. 우리 모두 그렇게 하루하루를 살아간다. 노력하고 있다면 그것만으로도 충분하다.

이 장의 제목을 '성숙한 자본주의'로 정한 까닭은 이기적이지 않은 성숙한 자본주의는 노력하는 개인들이 많아질 때 비로소 자리를 잡을 수 있기 때문이다. '아래로부터의 변화'는 일어나기 쉽지 않지만 아이러니하게도 변화는 여전히 개인의 변화가 모이고 모여 일어난다.

자원의 분배로 행복의 총량을 늘리는 방법

개인들이 변화되면 사회적으로는 어떤 변화가 일어날까?

자신이 이룬 성취가 오롯이 개인의 힘과 노력만으로 이루어진 것이 아님을 머리와 마음으로 받아들일 것이다. 그리고 자신이 성취가 국가 시스템과 다른 사람의 도움 덕분임을 아는 사람들은 다른 사람에게 도움을 주는 사람이 될 것이다.

그런 사람이 많아질수록 국가 개입이 필요한 영역은 줄어들 것이다. 게다가 시장 밖의 행위자인 국가가 개입하는 것보다 시장 안에 있는 개인이 도움을 주는 것이 자원을 효율적으로 배분할 수 있다.

인류는 더 풍요로워져야 할까? 인류는 이미 모든 사람이 먹고 살 수 있을 정도의 자원이 있다. 따라서 우리에게 더 중요한 것은 '경제발전'이 아니라 '자원의 배분'이다. 그리고 성숙한 자본주의에서는 그 배분이 국가가 아니라 개인의 차원에서 이루어지는 것이다.

국가가 시장에 개입할 필요가 없을 정도로 사적 영역에서 자원의 배분이 충분히 이루어지는 세상은 어떤 모습일까? 돈을 더 많이 번 사람들은 도움이 필요한 사람을 돕기 위해 '관계'를 형성할 것이고, 그 과정에서 주는 사람과 받는 사람이 느끼는 행복감이 있을 것이다. 나는 그런 세상에서 발생하는 행복의 총량이 돈이 주는 행복만 누리는 사회에서의 행복의 총량보다 클 것이라고 확신한다. 많은 연구 결과 또한 그렇게 말해주고 있다.

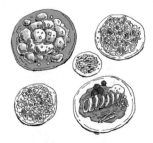

참고 문헌

비합리적인 인간과 법

단행본　박은정, 《왜 법의 지배인가?》 돌베개, 2010

개인과 법과 자본주의

단행본　양동휴, 《양동휴의 경제사 산책》, 일조각, 2007
　　　　윤일구, 《함무라비 법전: 고대법의 기원》, 한국학술정보, 2015
　　　　한동일, 《법으로 읽는 유럽사》, 글항아리, 2018
　　　　순자 지음, 김학주 옮김, 《순자》, 을유문화사, 2008
　　　　맹자 지음, 김원중 옮김, 《맹자》, 휴머니스트, 2021
　　　　존 월튼 외 3인, 《IVP 성경배경주석》, IVP, 2010
　　　　Larry Siedentop, 《Inventing The Individual》, Penguin Books, 2015
　　　　Richard Dawkins, 《The Selfish Gene-40th anniversary edition》, Oxford University Press, 2016
　　　　《성경》 (개역개정 4판)

보고서　남궁준 외 2인, 〈영국 근로시간법제의 변천과 정책적 시사점〉, 한국노동연구원, 2019

논문　　임영빈, 〈종교개혁과 평등, 그리고 개인의식의 확산〉, 현상과인식 제42권 제2호, 한국인문사회과학회, 2018
　　　　정용환, 〈고자의 성무선악설과 맹자의 성선설〉, 동양철학연구 제51집, 동양철학연구회, 2007
　　　　허영주, 〈사회 철학적 관점에서 본 순자 성악설 – 사회적 생명·윤리문제 측면에

서〉, 생명연구 제39집, 서강대학교 생명문화연구소, 2016

Lennon, Conor. 〈Slave escape, prices, and the fugitive slave act of 1850〉, The Journal of Law and Economics 59.3, 2016

Muldoon, James. 〈Papal Responsibility for the Infidel: Another Look at Alexander VI's "Inter Caetera"〉, The Catholic Historical Review 64.2, 1978

Plack, Noelle. 〈Liberty, equality and taxation: Wine in the French Revolution〉, The Social History of Alcohol and Drugs 26.1 (2012): 5-22.

한국의 근대사회와 자본주의

단행본   박승호, 《한국 자본주의 역사 바로 알기》, 나름북스, 2020

검찰청, 《2022 범죄분석》 검찰청, 2022

최성락, 《100년 전 영국 언론은 조선을 어떻게 봤을까?》, 페이퍼로드, 2019

함재봉, 《한국사람 만들기 I》, 아산서원, 2017

함재봉, 《한국사람 만들기 II》, 아산서원, 2017

Legatum Institute Foundation, 《THE LEGATUM PROSPERITY INDEX 2023》, Legatum Institute Foundation, 2023

논문   권보드래, 〈근대 초기 '민족' 개념의 변화-1905~1910년 대한매일신보를 중심으로〉, 민족문학사연구 제33호, 민족문학사연구소, 2007

김재형, 〈IMF에 의한 구제금융 이후 민사법의 변화-이자제한법, 도산법, 자산유동화법을 중심으로〉, 서울대학교 법학 제55권 제1호, 서울대학교 법학연구소, 2014.03

정대철, 〈동학농민운동의 성격에 관한 재조명〉, 한국보훈논총 제1권 제2호, 한국보훈학회, 2003.12

박찬승, 〈한국에서의 '민족' 개념의 형성〉, 개념과 소통 창간호, 한림대학교 한림과학원, 2008

신자유주의 체제 하에서 국가의 개입

단행본   남궁준 외 2인, 《영국 근로시간법제의 변천과 정책적 시사점》, 한국노동연구원, 2019
장석준, 《신자유주의의 탄생- 왜 우리는 신자유주의를 막을 수 없었나》, 책세상, 2011
조나 보크만(지은이), 홍기빈(옮긴이), 《신자유주의의 좌파적 기원》, 글항아리, 2015
Eric Williams, 《Capitalism and Slavery》, University of North Carolina Press, 2021
Sven Beckert and Seth Rockman, 《Slavery's Capitalism: A New History of American Economic Development》, University of Pennsylvania Press, 2016

논문   강경선, 〈노예제 페지에 관한 연구-영국의 경우〉, 민주법학 제52호, 민주주의법학
연구회, 2013
장지원, 〈불평등과 범죄발생에 관한 연구 - 소득불평등을 중심으로〉, 공안학회보
제28권 제3호, 한국공안행정학회, 2019
최낙범, 〈소득불평등과 범죄 간의 관계에 대한 탐색:광역지방자치단체를 중심으
로〉, 행정논총 제53권 제2호, 서울대학교 행정대학원, 2015
Bitna Kim et al, 〈A Systematic Review and Meta-analysis of Income Inequality
and Crime in Europe: Do Places Matter?〉, Eur J Crim Policy Res 28, 2022
Hector Gutierrez Rufrancos et al, 〈Income Inequality and Crime: A Review
and Explanation of the Time-series Evidence〉, Social Crimonol 1, 2013

세금의 이유

단행본   도미닉 프리스비, 《세금의 세계사》, 한빛비즈, 2022
이창희, 《세법 강의》, 박영사, 2022
국세청, 《국세청 40년사》, 국세청, 2006

논문   윤은주, 〈근대국가의 재정혁명 : 조세제도를 통해 본 영국과 프랑스의 재정 비교〉,
프랑스사 연구 제24호, 한국프랑스사학회, 2011.02.
이윤주, 〈가구 유형에 따른 세부담 차이 분석 - 근로소득세를 중심으로〉, 시립대
학교 석사학위논문, 2016.08

조용욱, 〈18~19세기 영국의 세금정책과 국가〉, 한국학논총 제43호, 국민대학교 한국학연구소, 2015

Mathias, Peter, and Patrick O'brien. 〈Taxation in Britain and France, 1715-1810. A comparison of the social and economic incidence of taxes collected for the central governments.〉, Journal of European Economic History 5.3, 1976

기업의 존재 이유

단행본   Adam Smith, 《The Wealth of Nations》, Bantam Classics, 2003
        Robert Parthesius, 《Dutch Ships in Tropical Waters》, Amsterdam University Press, 2010

논문   김동훈, 〈법인세가 기업투자와 고용에 미치는 영향분석〉, 산업경제연구 제28권 제4호, 한국산업경제학회, 2015
        황수영 외 1인, 〈사회적기업의 특성이 재무적 성과와 사회적 성과에 미치는 영향: CEO 특성을 중심으로〉, Proceedings of Conference on Business Venturing and Entrepreneurship, 2018
        황수영 외 2인, 〈재무적·사회적 성과를 결정하는 사회적기업의 특성〉, 벤처창업연구 제14권 제2호, 2018

투자의 이유

단행본   송옥렬, 《상법강의 제12판》, 홍문사, 2022

논문   정준우, 〈기업지배구조의 개선을 위한 최근 상법 개정안의 비판적 검토〉, 법과정책연구 제18권 제2호, 한국법정책학회, 2018

정준혁, 〈지배권의 사적이익과 경영권 프리미엄〉, 기업법연구 제33권 제2호, 한국기업법학회, 2019

빚의 이유

보고서   김선우·김강민, 〈스타트업 투자 생태계 성장 분석: TIPS 창업팀을 중심으로〉, STEPI Insight 301호, 과학기술정책연구원, 2019

자본주의 시장 밖에서 살아남기

판례   헌법재판소 2001. 6. 28. 「선고 2001헌마132」 전원재판부

돈, 얼마나 벌면 행복할까?

단행본   Robert J. Waldinger et al., 《The Good Life》, Ebury Publishing, 2023

논문   이현진, 〈돈과 행복의 관계에 관한 연구 : 소득, 자산, 소비지출을 중심으로〉, 서울대학교 박사학위논문, 2021
Daniel Kahneman and Angus Deaton, 〈High income improves evaluation of life but not emotional well-being〉, PSYCHOLOGICAL AND COGNITIVE SCIENCES, August 4, 2010
Amit Kumar et al., 〈Spending on doing promotes more moment-to-moment happiness than spending on having〉, Journal of Experimental Social Psychology 88, 2020
Matthew A. Killingsworth, 〈Experienced well-being rises with income, even above $75,000 per year〉, PSYCHOLOGICAL AND COGNITIVE SCIENCES, Jan, 2021

교육과 돈벌이의 상관관계

보고서   Sustainable Development Solutions Network, 〈World Happiness Report〉, Sustainable Development Solutions Network, 2023

논문   윤성현, 〈公敎育과 平等의 關係에 대한 試論的 硏究 – 프랑스 공교육 논의를 중심으로〉, 가천법학 제3권 제2호, 2010.08
황성원 외 1인, 〈프랑스 교육의 특성에 따른 교사교육의 변화〉, 비교교육연구 제16권 제4호, 한국비교교육학회, 2006.01
Sonja Lyubomirsky et al., 〈The benefits of frequent positive affect: does happiness lead to success?〉, Psychol Bull. 2005 Nov
Lisa C. Walsh et al. 〈Does Happiness PromoteCareer Success? Revisitingthe Evidence〉, Journal of Career Assessment2018, Vol. 26(2)

사회보장제도의 경제적 의미

보고서   OECD, 〈THE LONG GAME: FISCAL OUTLOOKS TO 2060 UNDERLINE NEED FOR STRUCTURAL REFORM〉, OECD Publishing, 2021

논문   주병기, 〈공공성의 경제학과 한국경제〉, 한국행정학보 제55권 제4호, 한국행정학회, 2021.02

돈벌이란 무엇인가

초판 1쇄 발행 2023년 8월 30일

지은이 정시몬

기획편집 도은주, 류정화
마케팅 박관홍
본문 일러스트 박영순

펴낸이 윤주용
펴낸곳 초록비책공방

출판등록 제2013-000130
주소 서울시 마포구 월드컵북로 402 KGIT 센터 921A호
전화 0505-566-5522 팩스 02-6008-1777

메일 greenrainbooks@naver.com
인스타 @greenrainbooks @greenrain_1318
블로그 http://blog.naver.com/greenrainbooks
페이스북 http://www.facebook.com/greenrainbook

ISBN 979-11-93296-02-8 (03320)

* 정가는 책 뒤표지에 있습니다.
* 파손된 책은 구입처에서 교환하실 수 있습니다.
* 이 책의 일부 또는 전부를 재사용하려면 반드시 저작권자와 초록비책공방의
  동의를 얻어야 합니다.

어려운 것은 쉽게 쉬운 것은 깊게 깊은 것은 유쾌하게

초록비책공방은 여러분의 소중한 의견을 기다리고 있습니다.
원고 투고, 오탈자 제보, 제휴 제안은 greenrainbooks@naver.com으로 보내주세요.

* 본 도서는 카카오임팩트의 출간 지원금을 받아 만들어졌습니다.